U0011425

六朝
玉雕綜論
JADES OF SIX DYNASTIES

作者介紹

劉嶔琦・Liu Chin Chi

　　台北醫學大學牙醫畢業，一名專業的牙醫師，也是古玉的愛好者與收藏家，現為「魚尾軒」主人。著有《唐代玉雕綜論》、《中華高古玉雕綜論》等書。

方勝利・FANG Sheng Lih

　　國立海洋大學海洋學系地質組畢業，法國巴黎大學地質沉積學研究所博士班，中華文物瓷器玉器收藏者。
　　2017年與劉嶔琦先生共同著作出版《唐代玉雕綜論》一書。

六朝玉雕綜論

2

【目錄】

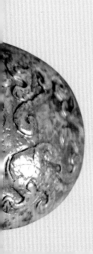

作者序 /

　　六朝或謂魏晉南北朝，即北朝六朝：魏、晉、後魏、北齊、北周、隋，及南朝六朝：東吳、東晉、宋、齊、梁、陳。從公元 220 年至公元 588 年，共約 368 年，在這期間各方英雄豪傑，紛紛爭霸，逐鹿中原；群雄對峙、分裂、戰火紛飛。國祚有的都非常短暫，例如，北周便只有短短二十四年。整個六朝時期，社會動盪頻繁，烽煙四起，所以一般都認為六朝玉雕應是鳳毛麟角，很是稀少，偶爾有機緣收入一件，真是欣喜若狂。文物出版品中的古玉部分，六朝古玉尚付闕如，即使有機會面對六朝古玉時，也會有難以確認之感，畢竟缺乏比較及對照組。

　　在收集過程中，主要的參考書籍為《中華文明傳真‧魏晉南北朝》（劉煒 主編／羅宗真 著／商務印書館（香港）出版），及《中華圖案五千年第五輯‧魏晉南北朝》（美工科技公司 出版），以既有確定之出土文物的資料，來作為判斷所接觸之古玉是否為六朝古玉，自己摸索前進，而非倚靠博物館或其他典藏機構，因為這些地方，也都幾乎沒有六朝的玉器或文獻資料。例如，西魏黃玉板雕畫中的鳥獲，在對照西魏時期敦煌壁畫圖案之後，乃獲得實質的印證，鳥獲的圖像只有在六朝西魏時期才出現。在黃玉板雕畫中出現鳥獲圖像，即可歸之於六朝西魏時所作。在中華玉雕史上，其他朝代未曾出現，可謂空前絕後。

　　如今將三十年來，一件件收集的六朝玉雕整理付印成書，突破六朝時期玉雕空白的迷思，並將這批文物公諸於世，期望能與各界先進與愛好者共同鑑賞，算是達成自己的任務與心願。

劉嶔琦

第壹章・六朝西魏雲門石窟風格

玉雕版畫

此坑西魏，六十五件玉板雕畫，應貼於壁上之物，和田玉料上人物、神獸曲線優美，生動活潑，雕工精緻程度，更勝於漢朝雕工。一公分線條，就由二十至三十桯鑽，鑽孔聯結而成，可想見一塊玉板雕畫，無數線條組合而成，所花費的時間和精神，並不是民間財力所能負擔。

六十五件斷代依據，敦煌壁畫，249窟、285窟，而佛像、神獸、纏花等專業名稱，則參考林保堯編集《敦煌藝術圖典》一書，確定此玉板雕畫是西魏之物。

由於敦煌壁畫時間久遠，色彩褪色，剝落殘破以致圖面模糊。這些玉板雕畫，更清楚且細緻的保留，西魏敦煌壁畫249、285窟剝落後的不足，且許多非壁畫的神獸，更可當為西魏文物鑑別重要參考依據。

西魏黃玉佛陀坐姿像蒼狼紋玉板雕畫

　　長方形黃玉板正面環邊飾有山形紋，其內以淺浮雕方式刻飾一坐姿佛陀，頂成肉髻相，眉間白毫，雙眼微張，法相安祥莊嚴，身穿袈裟。右手掌向前豎起，施無畏印，結跏趺坐在蓮花座上。

　　頭後有三道頭光，飾光紋、波紋及火焰紋。身後有四道背光，飾火焰紋、波紋、火焰紋及卷草紋。背光上方有華蓋。坐佛的兩側飾帶有飛翼的蒼狼。右上方及左上方各飾相向的神鳥。佛的四周滿佈自身迴旋及乘風花旋的天花。整塊玉板雕畫有明顯的黃土沁。畫中主次分明，佈局嚴謹，雕工精細。（註1）

【長 21.0 cm／寬 14.5 cm／厚 0.9 cm】

（註1）西魏：由鮮卑人宇文泰擁立北魏孝文帝元宏的孫子元寶炬為帝，建都長安（西元534～557年），享國22年。西元557年被北周（西元557～581年）取代。
北魏：（西元386～534年）史稱後衛或北魏，後分裂為東魏與西魏。

寺鉢飛天玉板雕畫

……板，正面環邊飾有山形紋，其內以淺浮雕方式刻飾一飛天，眉間白毫，……日月形飾，頭後方有一道頭光。裸露上身，旋轉著身子，雙手合持一鉢，……上，其下有一蓮花座。飛天身上的天衣，其尾端似羽紋，隨風飄動，展……

……飾一鳥獲（或神獸）圖樣（註2），本塊玉板有石灰水沁與黃土沁（註3）。

【長 23.0 ㎝ / 寬 16.1 ㎝ / 厚 0.8 ㎝】

……鳳鳥，其他的空間滿佈天花，或自身迴旋，或乘風花旋，整個畫面充滿了靈……。

……華圖案五千年》一書，第 281 頁（第五輯魏晉南北朝，張道一主編）。西魏時……畫圖案，按鳥獲，長有獸頭、人身、鳥爪。

弗陀坐姿像玉板雕畫

……板，正面環邊飾有山形紋，其內以淺浮雕方式刻飾一坐姿佛陀。頂成肉.……，雙眼微張，法相莊嚴安祥。身穿袈裟。右手向前豎起，施無畏印。結……上。
……道飾火焰紋的頭光，背後亦有三道飾火焰紋的背光。玉板的左方飾一飛……飾），右方飾一神鳥（或鳳鳥）。其他的空間滿佈天花。整塊玉雕板有……與黃土沁。

【長 23.0 ㎝ / 寬 16.0 ㎝ / 厚 0.9 ㎝】

西魏黃玉佛陀、鳳鳥、飛廉玉板雕畫

　　長方形黃玉板，正面環邊飾山形紋，其內以淺浮雕方式，刻飾一佛陀，頂成肉髻相眉間白毫，雙眼微張，法相安祥莊嚴，身穿袈裟。左手掌彎曲向前豎起，施無畏印。結跏趺坐在覆蓮花座上。頭後有二道頭光，外層飾火焰紋。身後有三道背光，皆飾火焰紋。玉板的左上方飾鳳鳥，右上方飾飛廉。其餘的空間滿佈自身迴旋與乘風花旋的天花。具有神聖靈動之感。本玉雕有石灰水沁與土沁。

【長 21.0 cm／寬 14.5 cm／厚 0.7 cm】

西魏黃玉飛天玉板雕畫

　　長方形黃玉板，正面環邊飾有山形紋，其內以淺浮雕方式飾一飛天，眉間白毫，面相秀美，頭戴日月形飾，頭後方有一道頭光。上身裸露，結跏趺坐在蓮花座上。飛天身上的天衣，其末端似羽紋，隨風飄動。玉板的左上方飾一飛廉（風伯或稱風師）。右上方飾一鳥獲（或神獸），其他的空間滿佈天花，或自身迴旋或乘風花旋，整個畫面充滿了靈氣與動感。本件玉板有石灰水沁及黃土沁。

【長 21.0 cm／寬 14.6 cm／厚 0.8 cm】

西魏黃玉藥師佛玉板雕畫

　　長方形黃玉板，正面環邊飾以山形紋，其內以淺浮雕方式刻飾一藥師佛，眉間白毫，面相俊美，頭戴日月形飾，頭後方有一道頭光。上身裸露，右手自然垂下，左手肘向上彎起，姆指與食指捻住一藥丸。身上披有天衣，其末端似羽紋狀。藥師佛的左方飾一鳳鳥（或神鳥）。其餘的空間滿佈天花，或自身迴旋或乘風花旋，充滿靈氣與動感。整塊玉板畫有石灰水沁與黃土沁。

【長 23.0 ㎝ ╱ 寬 16.0 ㎝ ╱ 厚 0.8 ㎝】

西魏黃玉腰鼓飛天玉板雕畫

　　長方形黃玉板，正面環邊飾以山形紋，其內以淺浮雕方式刻飾一飛天，面相秀雅，眉間白毫，頭戴日月形飾，頭後方有頭光，上身裸露，雙腳交叉，旋轉著身子，坐在蓮花座上。腿上放置著腰鼓，雙手前後拍擊，正在演奏狀。飛天身上的天衣，其尾端形似羽紋，隨風飄動。玉板的右上方飾一鳥獸（或神獸），左上方飾一鳳鳥（或神鳥），其他的空間滿佈天花，或自身迴旋，或乘風飛旋，十分具有靈氣與動感。整塊玉板畫有明顯的石灰水沁與黃土沁。

【長 21.0 cm ／ 寬 14.6 cm ／ 厚 0.7 cm】

西魏黃玉飛天玉板雕畫（面向右）

　　長方形黃玉板，正面環邊飾以山形紋，其內以淺浮雕方式刻飾一飛天，面相甜美，眉間白毫，頭戴日月形飾，頭後方有頭光，雙手彎曲向上飛舞著。上身裸露，左腿向前方高高踢出，同時彎曲膝蓋，折回小腿置於大腿下方。右腿往後上方踢出，兩腿幾成一直線，顯現出力與美的舞姿。飛天的天衣，其尾端形成似一連串的羽紋，隨風飄動。其餘的空間滿佈天花，或自身迴旋，或乘風花旋。靈氣與動感十足。整塊玉板雕畫有明顯的黃土沁與石灰水沁。

【長 21.1 cm ／ 寬 14.6 cm ／ 厚 0.8 cm】

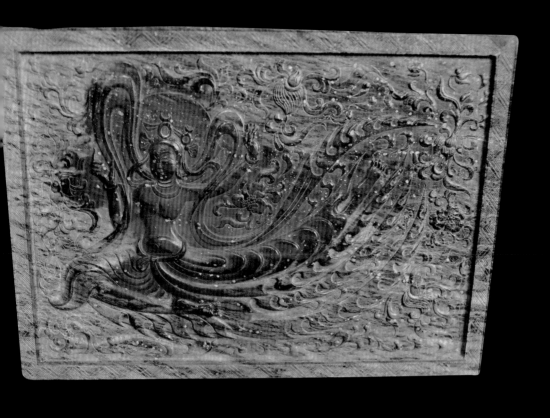

西魏黃玉飛天玉板雕畫（面向左）

　　長方形黃玉板，正面環邊飾以山形紋，其內以淺浮雕方式，刻飾一飛天，面貌秀美，眉間白毫，頭戴日月形飾。頭後方有頭光。雙手彎曲向上飛舞著。上身裸露。右腳向前方高高踢出，同時彎曲膝蓋折回小腿置於大腿下方。左腿往後上方踢出，兩腿幾成一直線，顯現出力與美的曼妙舞姿。飛天的天衣，其後端形成一連串的羽紋，隨風飄曳。其餘的空間滿佈天花，或自身迴旋或乘風花旋，充滿了靈氣與動感。整塊玉板雕畫有黃土沁與石灰水沁。

【長 21.0 ㎝／寬 14.5 ㎝／厚 1.0 ㎝】

西魏黃玉佛陀立姿像
玉板雕畫

　　長方形黃玉板，正面環邊飾有
山形紋，其內以淺浮雕方式刻飾一立
姿佛陀，法相莊嚴安祥。雙眼微張，
身穿袈裟。右手掌向前豎起，施無畏
印。立姿，雙腳分開站在蓮花座上。
頭後有二道頭光，外道飾火焰紋，背
後有背光三道，飾火焰紋、卷草紋、
火焰紋。背光上方有華蓋。佛的四周
滿佈自身迴旋及乘風花旋的天花。整
塊玉板雕畫有明顯的石灰水沁及黃土
沁。

【長 23.1 ㎝／寬 16.1 ㎝／厚 0.8 ㎝】

西魏黃玉八臂觀音玉
板雕畫（面向右）

　　長方形黃玉板，正面環邊飾有
山形紋，其內以淺浮雕方式刻飾一立
姿觀音，法相安祥莊嚴，雙眼微張，
身穿袈裟，其上飾有花結、飄帶、佛
珠。觀音的八臂中，其中兩臂合掌放
胸前。另右三臂分別執劍、箭、斧。
左三臂分別執帶火焰紋的法輪、弓及
佛珠。頭後有頭光。觀音的四周滿佈
自身迴旋及乘風花旋的天花。整塊玉
板雕畫有明顯的石灰水沁與黃土沁。

【長 23.1 ㎝／寬 16.4 ㎝／厚 1.0 ㎝】

西魏黃玉八臂觀音玉板雕畫（面向左）

　　長方形黃玉板，正面環邊飾以山形紋，其內以淺浮雕方式刻飾一觀音，法相莊嚴安祥，雙眼微張。身穿袈裟，其上飾有花結、飄帶、佛珠。觀音的八臂中，其中兩臂合掌於胸前。另左三臂分別執劍、箭、斧。右三臂分別執帶火焰紋的法輪、弓及佛珠。頭後有頭光。觀音的四周滿佈自身迴旋及乘風花旋的天花。整塊玉板雕畫有明顯的黃土沁。

【長 23.2 cm／寬 16.5cm／厚 1.0 cm】

西魏黃玉圓璧龜紋玉板雕畫

　　長方形黃玉板，正面環邊飾有山形紋，其內以淺浮雕刻飾一圓璧，內有一合體蛇龜。圓璧外飾有八神獸（或怪獸），從正上方起，依順時針方向，依序為神猴（或神獸）、鳳鳥（或神鳥）、鳥獲（或神獸）、兩隻帶翼怪獸、短尾怪獸、帶翼怪獸、鳳鳥（或神鳥）。整個畫面充滿了靈動之感。

【長 21.0 ㎝ ／ 寬 14.9cm ／ 厚 0.7 ㎝】

西魏黃玉圓璧龍紋玉板雕畫

　　長方形黃玉板，正面環邊飾有山形紋，其內以淺浮雕刻飾一圓璧，內有一帶有飛翼之行龍，圓璧右方飾一鳳鳥（或神鳥），右上方飾一蒼狼（或神獸），左上方一鳥獲（或神獸）、左方一鳳鳥（或神鳥）。其餘的空間佈滿自花迴旋或乘風花旋的天花。整個畫面充滿了靈氣與動感。本件玉板有黃土沁。

【長 21.0 ㎝ ／ 寬 14.6cm ／ 厚 0.7 ㎝】

西魏黃玉圓璧虎紋玉板雕畫

　　長方形黃玉板，正面環邊飾有山形紋，其內以淺浮雕刻飾一圓璧，內有一張口猛虎。圓璧外有八紋飾，自上方起，順時針方向，依序爲鳳鳥（或神鳥）、帶有雙翼的飛天、張口露獠牙的怪獸、兩隻帶翼怪獸、具有雙角的怪獸、帶高帽的飛天以及禺強。整個畫面充滿了靈動之感。本雕畫有黃土沁。

【長 21.0 ㎝ / 寬 14.6cm / 厚 0.7 ㎝】

西魏黃玉圓璧鳳紋玉板雕畫

　　長方形黃玉板，正面環邊飾有山形紋，其內以淺浮雕刻飾一圓璧，內有一展翅鳳鳥。圓璧外有九個紋飾，自上方起，順時針方向，依序爲人首怪獸、神猴、帶翼怪蛇、蒼狼（或神獸）、帶翼怪魚、神牛（或帶角神獸）、胡人首上半身的怪物、尖長耳怪獸、神鳥。整個畫面充實而靈動。本雕畫有黃土沁。

【長 18.0 ㎝ / 寬 12.5cm / 厚 0.9 ㎝】

西魏黃玉圓璧麒麟紋玉板雕畫

　　長方形黃玉板，正面環邊飾有山形紋，其內以淺浮雕刻飾一圓璧，內有一張口飛奔的麒麟。圓璧外有九個紋飾，自上方起，順時針方向，依序為人首怪獸、鳳鳥、蒼狼（或神獸）、鳥頭雙翼怪獸、玄龜、蒼狼（或神獸）、方相士、鳥首怪獸、神獸。古稱東龍、西虎、南鳳、北龜、中麒麟，由本件可知中麒麟的出現，目前的資料是始自西魏玉板。全器有土沁與石灰水沁。

【長 21.0 cm／寬 14.6cm／厚 0.8 cm】

西魏黃玉圓璧龍左右雙菩薩紋玉板雕畫

　　長方形黃玉板，正面環邊飾有山形紋，其內以淺浮雕方式刻飾一圓璧，內有一張口吐舌的行龍，圓璧外有二菩薩，左邊的一位頭戴日月形飾，面相秀美，頭後有頭光，飾火焰紋，裸露上身，右手置於大腿前，左手向上抬起。下身穿袈裟，顯現層層的褶縐紋，雙腳踏在蓮花座上。右邊的菩薩，面相祥和，其餘的形象與左邊的菩薩略同，只是雙手相觸於胸前。圓璧的上方有一蹲著的迦樓羅鳥神，圓璧的下方有二蹲著的獻寶的胡人，剩下的空間飾滿自身迴旋或乘風花旋的天花。本玉雕有黃土沁與石灰水沁。

【長 21.0 cm／寬 14.7 cm／厚 0.8 cm】

西魏黃玉虎紋玉板雕畫（虎面朝左）

　　長方形黃玉板，正面環邊飾有山形紋，其內以淺浮雕方式，在中央處刻飾一張口前奔、衝力十足的猛虎，虎背上條條虎紋平行排列，突顯其與眾不同的特徵。右方一奔跑式的鳥獲，左方一飛廉，其餘的空間，滿佈自身迴旋與乘風花旋的天花。本件玉雕有黃土沁與石灰水沁。

【長 21.0 ㎝ ／ 寬 14.6 ㎝ ／ 厚 0.5 ㎝】

西魏黃玉虎紋玉板雕畫（虎面朝右）

　　長方形黃玉板，正面環邊飾有山形紋，其內以淺浮雕方式，在中央處刻飾一張口前奔、衝力十足的猛虎，虎背上，虎紋條條平行排列，突顯老虎與其他動物不同的特徵。右方飾一飛廉，左方一鳥獲，其餘的空間，滿佈自身迴旋與乘風花旋的天花。本件玉雕有黃土沁與石灰水沁。

【長 21.0 ㎝ ／ 寬 14.6 ㎝ ／ 厚 0.8 ㎝】

西魏黃玉龍紋玉板雕畫（龍面朝左）

　　長方形黃玉板，正面環邊飾有山形紋，其內以淺浮雕方式，在中央處刻飾一背有飛翼，張口吐舌，昂首前行的猛龍。上方飾一鳳鳥。左下方飾一飛廉，左上方一鳥獲。其餘的空間滿佈自身迴旋與乘風花旋的天花。本件玉雕有黃土沁與石灰水沁。

【長 21.0 ㎝ ╱ 寬 14.5 ㎝ ╱ 厚 0.8 ㎝】

西魏黃玉虎紋玉板雕畫（虎面朝右）

　　長方形黃玉板，正面環邊飾有山形紋，其內以淺浮雕方式，在中央處，飾一張口露牙，背帶飛翼，衝力十足的猛虎，身上虎紋條條排列，突顯老虎與其他動物不同的特徵。右上方與左下方各飾一鳥獲。左上方一飛廉。其餘的空間滿佈自身迴旋與乘風花旋的天花。本件玉雕有黃土沁與石灰水沁。

【長 21.0 ㎝ ╱ 寬 14.6 ㎝ ╱ 厚 0.6 ㎝】

玉鳳紋玉板雕畫

黃玉板，正面環邊飾有山形紋，其內以淺浮雕方式在中央處飾一頭戴花冠展鳥，右上方一奔飛狀的鳥獲，右下方一雙人頭開明獸，左方一飛廉。其餘的自身迴旋或乘風花旋的天花。本件玉雕有黃土沁與石灰水沁。

【長 21.0 ㎝ / 寬 14.6 ㎝ / 厚 0.8 ㎝】

蛇龜紋玉板雕畫

玉板，正面環邊飾有山形紋，其內以淺浮雕方式在中央處飾一合體蛇龜，方各飾一鳥獲，右下方飾一飛廉。其餘的空間，滿佈自身迴旋及乘風花旋玉板雕畫有黃土沁及石灰水沁。

【長 21.0 ㎝ / 寬 14.6 ㎝ / 厚 0.8 ㎝】

西魏黃玉麒麟紋玉板雕畫

　　長方形黃玉板，正面環邊飾有山形紋，其內以淺浮雕方式在中央飾一張口抬腳、威猛十足的麒麟，上方飾一展翅飛翔的鳳鳥，右方一飛奔狀的鳥獲，左上方一飛廉，其餘的空間滿佈自身迴旋或乘風花旋的天花。古稱東龍、西虎、南鳳、北龜、中麒麟，由本件可知麒麟的出現，以目前的資料是始自西魏。

【長 21.0 cm／寬 14.6 cm／厚 0.8 cm】

西魏黃玉坐蓮持蓮觀音玉板雕畫

　　長方形黃玉板，正面環邊飾有山形紋，其內以淺浮雕方式刻飾一盤坐於蓮花座上的觀音，法相慈悲安祥、雙眼微張、身穿袈裟，左手持一蓮花置於身前，右手置於花邊。兩隻手臂上皆戴有臂釧，手腕上戴有手環。觀音的左上方飾一飛躍狀的展翅神鳥，其餘的空間滿佈自身迴旋與乘風花旋的天花。整個玉雕有明顯的石灰水沁與黃土沁。

【長 21.1 cm／寬 14.5 cm／厚 0.7 cm】

西魏黃玉趺坐思惟菩薩像

　　長方形黃玉板，正面環邊飾有山形紋，其內以淺浮雕方式刻飾一趺坐菩薩，面相俊秀，雙眼閉起、左手彎曲抬起，手掌輕托左腮，似在思惟。右手輕放於右身旁。穿著袈裟，身後有背光。其餘空間，滿佈自身迴旋與乘風花旋的天花。整塊玉雕有明顯的石灰水沁與黃土沁。

【長 23.0 ㎝ / 寬 16.0 ㎝ / 厚 0.9 ㎝】

西魏黃玉持蓮觀音盤坐蓮花座玉板雕畫

　　長方形黃玉板，正面環邊飾有山形紋，其內以淺浮雕方式刻飾一盤坐於蓮花座上之觀音，法相慈悲安祥，雙耳戴有耳環，身披袈裟，右手執佛珠，左手執蓮花。兩手臂上有臂釧，手腕上皆有手環。頭部後方有頭光，其餘四周滿佈自身迴旋與隨風花旋的天花。本件雕畫有明顯的石灰水沁與黃土沁。

【長 21.0 ㎝ / 寬 14.6 ㎝ / 厚 0.7 ㎝】

西魏黃玉吹橫笛飛天玉板雕畫

　　長方形黃玉板，正面環邊飾以山形紋，其內以淺浮雕方式刻一飛天，面相清秀，眉間白毫，頭戴日月形飾，頭後有頭光。上身裸露，下身穿袈裟。雙腳交叉，坐在蓮花座上，雙手執一橫笛正在吹奏。飛天的天衣，其尾端形似羽紋，隨風飄動。右上方飾一飛廉，左下方飾一鳥獲。其餘的空間滿佈天花，或自身迴旋或乘風花旋，相當具有靈氣與動感。本件玉雕具有石灰水沁及黃土沁。

【長 21.0 ㎝ ∕ 寬 14.6 ㎝ ∕ 厚 0.7 ㎝】

西魏黃玉施說法印菩薩像玉板雕畫

　　長方形黃玉板，正面環邊飾以山形紋，其內以淺浮雕方式刻一菩薩，面相秀雅，眉間白毫，頭戴日月形飾，頭後方有頭光，上身裸露，下身穿袈裟。結跏趺坐在一蓮花座上。左手彎曲置於腰間，右手上抬彎曲施說法印。飛天的天衣，其尾端形似羽紋，隨風飄動。玉板的右上方飾一鳥獲，左上方飾一飛廉。其餘的空間滿佈自身迴旋與隨風花旋的天花。本玉雕有明顯的石灰水沁與黃土沁。

【長 21.0 ㎝ ∕ 寬 14.6 ㎝ ∕ 厚 0.7 ㎝】

西魏黃玉持蓮菩薩玉板雕畫

　　長方形黃玉板，正面環邊飾有山形紋，其內以淺浮雕方式刻飾一菩薩，面相清秀，頭戴日月形飾，頭後方有頭光，裸露上身，下穿袈裟，結跏趺坐在一蓮花座上，其兩手合力捧著一蓮花座。身上的天衣，其尾端形似羽紋，隨風飄動。玉板的右方飾一展翅飛翔的神鳥，左方一向前飛奔的鳥獲。其餘的空間，滿佈自身迴旋與隨風花旋的天花。本件玉雕有石灰水沁與黃土沁。

【長 18.0 ㎝／寬 12.5 ㎝／厚 0.8 ㎝】

西魏青黃玉龍紋與人物紋組合型大圓璧

　　整個大圓璧由中間一圓璧與外圍九扁平扇形體所組成，用青黃玉以淺浮雕方式琢飾。中間圓璧爲三條龍紋及其他紋飾。外圍的九個扁平扇形體，分別雕飾持珠菩薩、直立佛陀、持傘天王、持珠天王、持傘天王、持珠菩薩、八臂菩薩、持三叉戟天王與八臂觀音等爲主要紋飾。各個細節的部份皆將分別敘述於後。中間圓璧的三條龍紋有東漢之時的玉雕風格。

【總直徑：45.6 cm

西魏青黃玉三龍紋圓璧

本圓璧爲組合型大圓璧之中間圓璧，用青黃玉以淺浮雕方式刻飾。由三條張口吐舌露牙的卷曲龍分佈在圓璧的上方及下方左右各一。其他空間的紋飾照順時針方向，依序爲一卷曲的蛇、鳥頭怪獸、戴尖帽胡人頭怪獸、高舉雙手的似熊怪獸、獸首鱗身怪獸等，穿插於三龍之間。全器有明顯的黃土沁。

【長 26.4 ㎝／中孔 3.6 ㎝／厚 0.8 ㎝】

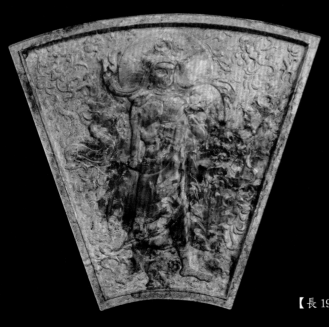

西魏青黃玉持珠菩薩像扇形玉板雕畫

扇形青黃玉板，正面環邊飾有山形紋，其內以淺浮雕方式飾一直立菩薩，面相秀雅，頭戴日月形飾，頭後方有頭光。身穿袈裟，右手下垂持一物，左手彎曲抬起一圓珠。身上的天衣，其尾端形似羽紋，隨風飄動。右手旁飾一神獸。其餘的空間滿佈自身迴旋與乘風花旋的天花。本件玉雕有黃土沁與石灰水沁。

【長 19.2 ㎝／上寬 21.8 ㎝／下寬 9.0 ㎝／厚 1.1 ㎝】

西魏青黃玉佛陀像扇形玉板雕畫

　　扇形青黃玉板，正面環邊飾有山形紋，其內以淺浮雕方式飾一直立佛陀，法相慈悲莊嚴，頂成肉髻相，眉間白毫，雙眼微張。身穿袈裟。左手彎曲向下置於腰間，右手彎曲向上施無畏印。雙腳站在覆蓮花座上。頭後有二道頭光，外圍的一道飾火焰紋。身後有三道背光，飾火焰紋、卷草紋、火焰紋。背光上方有華蓋。佛的四周滿佈自身迴旋與乘風花旋的天花。本件雕畫有黃土沁與石灰水沁。

【長 19.0 ㎝ ∕ 上寬 21.8 ㎝ ∕ 下寬 9.0 ㎝ ∕ 厚 1.1 ㎝】

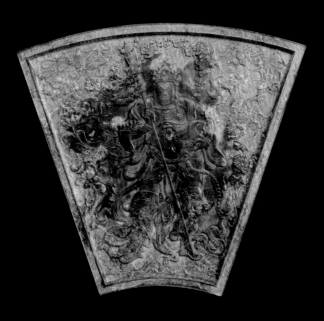

西魏青黃玉直立北方多聞天王持傘像扇形玉板雕畫

　　扇形青黃玉板，正面環邊飾有山形紋，其內以淺浮雕方式飾一直立天王，相貌威武，濃眉大眼，嘴上八字鬍，下巴濃濃的鬍鬚，精神飽滿，頭戴一帽，身穿戰袍，有胸護。身披天衣，左手持一物，右手執一傘。氣勢十足。其餘的空間飾以自身迴旋與乘風花旋的天花。本雕畫有明顯的石灰水沁與土沁。

【長 19.0 ㎝ ∕ 上寬 21.8 ㎝ ∕ 下寬 9.0 ㎝ ∕ 厚 1.1 ㎝】

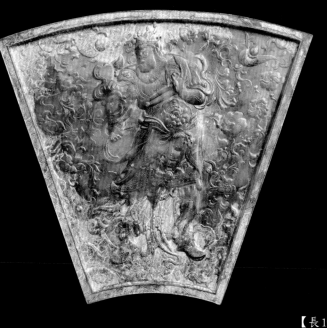

西魏青黃玉直立西方廣目天王持珠像扇形玉板雕畫

扇形青黃玉板，正面環邊飾有山形紋，其內以淺浮雕方式飾一直立天王，相貌威武，濃眉大眼，嘴上蓄八字鬍，下巴及腮邊盡是濃濃長長的鬍子。精神十足。頭戴一帽，身穿戰袍，有胸護，身披天衣。右手自然垂下握拳。左手持一珠，氣勢勇猛。其餘的空間飾以自身迴旋與乘風花旋的天花。本雕畫有石灰水沁與黃土沁。

【長 19.0 ㎝／上寬 21.8 ㎝／下寬 9.0 ㎝／厚 1.1 ㎝】

西魏青黃玉直立天王持傘像扇形玉板雕畫

扇形青黃玉板，正面環邊飾有山形紋，其內以淺浮雕方式飾一天王，相貌威嚴，濃眉大眼。頭戴日月形飾，身穿戰袍，有胸護、腹護與腿護。頭後有頭光，右手向上舉起，左手彎曲執一傘。身披天衣，其末端似羽紋，隨風飄動。右上方飾一飛廉。其餘的空間滿佈自身迴旋與乘風花旋的天花。本雕畫有石灰水沁與黃土沁。

【長 19.0 ㎝／上寬 21.8 ㎝／下寬 9.0 ㎝／厚 1.1 ㎝】

西魏青黃玉直立菩薩
持珠像扇形玉板雕畫

　　扇形青黃玉板，正面環邊飾有
山形紋，其內以淺浮雕方式飾一直立
菩薩，面相俊秀，眉間白毫，頭戴日
月形飾，頭後方有頭光。上身裸露，
下身穿袈裟。身上的天衣，其尾端形
似羽紋，隨風飄動。玉板的右上方飾
一神鳥，左上方飾一開明獸。其餘的
空間，滿佈天花，或自身迴旋或乘風
花旋，相當具有靈氣與動感。本件玉
板雕畫具有石灰水沁與黃土沁。

【長 19.0 cm ／ 上寬 21.8 cm ／ 下寬 9.0 cm ／ 厚 1.1 cm】

西魏青黃玉直立八臂
菩薩像扇形玉板雕畫

　　扇形青黃玉板，正面環邊飾有
山形紋，其內以淺浮雕方式飾一直立
菩薩，面相俊秀，頭戴冠飾，頭後方
有頭光，身後有二背光，外層飾以卷
草紋。身上的八臂，二臂置於胸前，
其餘六臂有的持有附有帶勾及鐵圈的
套索或其他法器。上身裸露，下身穿
袈裟。腳踏覆蓮花座。玉板的左上方
飾一神鳥。其餘的空間滿佈自身迴旋
或乘風花旋的天花。具有靈動之氣。
本玉板具有石灰水沁與黃土沁。

【長 19.0 cm ／ 上寬 21.8 cm ／ 下寬 9.0 cm ／ 厚 1.1 cmcm】

西魏青黃玉直立天王持三叉戟像玉板雕畫

扇形青黃玉板，正面環邊飾山形紋，其內以淺浮雕方式飾一天王，相貌威武，頭戴日月形飾，頭後方有頭光，身穿戰袍，有胸護、腹護及腿護。身披天衣，其尾端呈羽毛狀，隨風飄動。左手持一物，右手持三叉戟。氣勢十足。玉板的右上方飾有開明獸。其餘的空間滿佈自身迴旋與乘風花旋的天花，具有靈動之氣。本雕畫有石灰水沁與黃土沁

【長 19.0 ㎝／上寬 21.8 ㎝／下寬 9.0 ㎝／厚 1.1 ㎝】

魏青黃玉直立八臂觀音像玉板雕畫

扇形青黃玉板，正面環邊飾山形紋，其內以淺浮雕方式飾一立姿八臂觀音，法相慈悲，雙眼微張，頭後方有頭光，身穿袈裟，其上有花結、飄帶、佛珠。觀音的八臂中，其中兩臂合掌於胸前。另左三臂分別持劍、箭及斧。右三臂分別持帶火焰紋的法輪、弓及佛珠。觀音的四周滿佈有自身迴旋及乘風花旋的天花。整塊玉板雕畫有明顯的石灰水沁及黃土沁。

【長 19.0 ㎝／上寬 21.8 ㎝／下寬 9.0 ㎝／厚 1.1 ㎝】

西魏黃玉南方增長天王持刀像玉板雕畫

　　長方形黃玉板，正面環邊飾有山形紋，其內以淺浮雕方式刻飾一天王，面像威嚴，濃眉大眼，頭戴一冠，身穿戰袍，有胸護，身披天衣。左手握住刀鞘，右手將刀拔出，一幅氣勢十足的模樣。其餘的空間，滿佈自身迴旋與乘風花旋的天花。本玉板有石灰水沁與黃土沁。

　　南方增長天王持劍，舞劍升風代表「風」；東方持國天王，撫琵琶代表「調」；北方多聞天王，執傘代表「雨」；西方廣目天王，持龍或蛇，代表「順」，這是明朝封神榜但此玉板爲六朝，所以西方廣目天王有所不同爲持珠。

【 長 21.0 cm／寬 14.5 cm／厚 0.8 cm】

西魏黃玉東方持國天王持琵琶像玉板雕畫

　　長方形黃玉板，正面環邊飾山形紋，其內以淺浮雕方式刻飾一天王，面像俊秀，頭戴一冠，身穿戰袍，有胸護。頭後方有似火焰紋的頭光，身披天衣。兩手執一琵琶，左手壓弦，右手撥弦，正在彈奏。十分投入。天王周邊滿佈自身迴旋與乘風花旋的天花。本雕畫有石灰水沁與黃土沁。

【 長 21.0 cm／寬 14.6 cm／厚 0.7 cm】

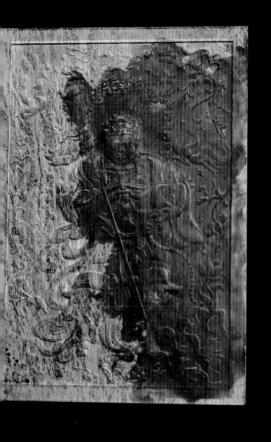

西魏黃玉北方多聞天王持傘像玉板雕畫

　　長方形黃玉板，正面環邊飾有山形紋，其內以淺浮雕方式刻飾一天王，面像威嚴，嘴上蓄有八字髯，下巴留有短鬚。左手持一物，右手執一傘。身穿戰袍有胸護。頭後有似火焰紋的頭光。雕畫的左上方飾一神鳥。其餘的空間滿佈自身迴旋或乘風花旋的天花。本件玉板有石灰水沁與黃土沁。

【長 21.0 ㎝／寬 14.5 ㎝／厚 0.6 ㎝】

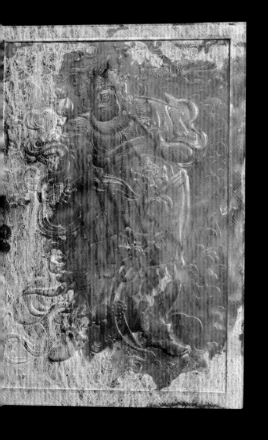

西魏黃玉西方廣目天王持珠像玉板雕畫

　　長方形黃玉板，正面環邊飾有山形紋，其內以淺浮雕方式刻飾一直立天王，相貌威嚴，濃眉大眼，頭戴一冠。下巴及腮邊盡是濃濃長長的鬍子。身穿戰袍有胸護。右手執一物，左手持一珠。玉板的右上方飾一神獸。其餘的空間滿佈自身迴旋與乘風花旋的天花。本玉板有石灰水沁與黃土沁。

【長 21.0 ㎝／寬 14.5 ㎝／厚 0.6 ㎝】

西魏黃玉直立菩薩持摩尼珠像玉板雕畫

　　長方形黃玉板，正面環邊飾形紋，其內以淺浮雕方式刻飾一直立菩薩，面貌俊秀，頭戴日月形飾。後方有頭光。身穿袈裟，層層的褶呈階梯狀。身披天衣，其尾端呈羽毛狀。左手置於腰間，右手彎曲向上一佛珠。玉板的右方有一神鳥。其的空間滿佈自身迴旋與乘風花旋的花，相當具有靈動之氣。本件雕畫有石灰水沁與黃土沁。

【長 21.0cm／寬 14.6cm／厚 0.7cm】

西魏黃玉菩薩持三戟像玉板雕畫

　　長方形黃玉板，正面環邊飾形紋，其內以淺浮雕方式刻飾一直立菩薩，面相俊秀，頭戴日月形飾。後方有頭光，身穿戰袍，有胸護、護與腿護。右手持一物，左手持三戟。身披天衣，其尾端呈羽毛狀。板的左上方飾一鳥獲。其餘的空間佈自身迴旋與乘風花旋的天花，相具有靈動之氣。本雕畫有石灰水沁黃土沁。

【長 21.0cm／寬 14.6cm／厚 0.7cm】

西魏黃玉菩薩持傘像
玉板雕畫

　　長方形黃玉板，正面環邊飾山形紋，其內以淺浮雕方式刻飾一直立菩薩，面相俊雅，頭戴日月形飾，頭後方有頭光。身穿戰袍，有胸護、腹護及腿護。左手高舉作一手勢，右手執一傘。身披天衣，其尾端呈羽毛狀。玉板的左上方飾一鳥獲。其餘的空間，滿佈自身迴旋與乘風花旋的天花，相當具有靈氣與動感。本雕畫有石灰水沁與黃土沁。

【長 21.0 cm／寬 14.6 cm／厚 0.7 cm】

西魏黃玉菩薩持珠像
玉板雕畫

　　長方形黃玉板，正面環邊飾山形紋，其內以淺浮雕方式刻飾一直立菩薩，面相俊秀，頭戴日月形飾，頭後方有頭光。上身裸露，下身穿袈裟。身披天衣，其尾端呈羽毛狀。右手自然下垂，左手彎曲向上持一珠。玉板的右方飾一展翅飛翔的神鳥。其餘的空間滿佈自身迴旋與乘風花旋的天花。本雕畫有石灰水沁。

【長 21.0 cm／寬 14.6 cm／厚 0.7 cm】

西魏黃玉持蓮觀音像玉板雕畫

　　長方形黃玉板，正面環邊飾山形紋，其內以淺浮雕方式刻飾一觀音，相貌慈悲，雙眼微張，頭戴一冠，身穿袈裟。手臂上有臂釧，手腕上有手環。右手施法身說法印，左手彎曲持一蓮花。結跏趺坐在一仰蓮花座上。觀音的左上方飾一神鳥，其餘的空間滿佈自身迴旋與乘風花旋的天花，充滿靈氣飄動之狀。本件玉板有石灰水沁與黃土沁。

【 長 21.0 cm ／ 寬 14.5 cm ／ 厚 0.8 cm 】

西魏青玉雙脇侍佛陀像玉板雕畫

　　長方形青玉板，正面環邊飾山形紋，其內以淺浮雕方式刻飾一佛陀，法相安祥莊嚴，頭成肉髻相，眉間白毫，雙眼微張，身穿袈裟，右掌向前豎起施無畏印。結跏趺坐在覆蓮花座上。頭後有三道頭光，分別飾光芒紋、波浪紋與火焰紋。身後有四道背光，分別飾火焰紋、波浪紋、火焰紋與卷草紋。背光上方向華蓋。

　　佛陀的左脇侍，面容俊秀，頭戴日月形飾，頭後方有二道頭光，外層的一道飾光芒紋，雙手彎曲合起前伸。上身裸露，下穿袈裟，身披天衣，其尾端呈羽紋狀，直立站在仰蓮花座上。右脇侍的情景與左脇侍略同。其餘的空間滿佈自身迴旋與乘風花旋的天花，充滿了神聖靈動之感。本件玉板有明顯的石灰水沁與土沁。

【 長 21.0 ㎝ / 寬 14.5 ㎝ / 厚 0.9 ㎝ 】

西魏黃玉雙麒麟紋玉板雕畫

　　長方形黃玉板，正面環邊飾山形紋，其內以淺浮雕方式刻飾二麒麟，左右各一，頭相向，身形矯健有力。其餘的空間滿佈自身迴旋與乘風花旋的天花，充滿漂浮靈動氣氛。本件雕畫有明顯的石灰水沁與土沁。

【長 21.0 ㎝／寬 14.5 ㎝／厚 0.8 c

西魏黃玉八臂觀音玉板雕畫

　　長方形黃玉板，正面環邊飾
形紋，其內以淺浮雕方式刻飾一
立觀音，面相俊秀，頭戴冠飾，頭
有頭光，身後有二背光，外層飾卷
紋。身上的八臂，二臂置於胸前，
中之左臂持三叉戟。其餘六臂有的
附有帶勾及鐵圈的套索或其他法器
上身裸露，下身穿袈裟。腳踏覆蓮
座上。其餘的空間滿佈自身迴旋與
風花旋的天花，具有飄動靈氣之
圍。本件玉雕有黃土沁與石灰水沁

【長 21.0 ㎝／寬 14.5 ㎝／厚 0.9 c

西魏黃玉吹笛菩薩像玉板雕畫

　　長方形黃玉板，正面環邊飾山形紋，其內以淺浮雕方式刻飾一菩薩，面相清秀，眉
白毫，頭帶日月形飾。頭後方有頭光。上身裸露，下身穿袈裟。雙腳交叉坐在覆蓮花
上。雙手執一橫笛正在吹奏。飛天的天衣，其尾端形似羽紋，隨風飄動。玉板的右下
飾一鳥獲。其餘的空間滿佈天花，或自身迴旋或乘風花旋，具有飄動狀的氣旋氛圍。
件玉板有石灰水沁與銅綠沁。

【長 21.0 cm／寬 14.5 cm／厚 0.6 cm】

西魏青玉雙脇侍佛陀像玉板雕畫

　　長方形青玉板，正面環邊飾山形紋，其內以淺浮雕方式刻飾一佛陀，法相安祥莊嚴。頂成肉髻相，眉間白毫，雙眼微張。身穿袈裟。右掌向前豎起，施無畏印。結跏趺坐覆蓮花座上。頭後有三道頭光，分別飾光芒紋、波浪紋與火焰紋。身後有四道背光，別飾火焰紋、波浪紋、火焰紋與卷草紋。背光上方有華蓋。

　　佛陀的左脇侍，面容俊秀，頭戴日月形飾。頭後方有二道頭光，外層的一道飾火紋。右手上舉，比一手勢。左手下垂。上身裸露，下身穿袈裟。身披天衣，其尾端呈紋狀。直立站在覆蓮花座上。右脇侍的情景與左脇侍略同。只是舉手的左手。其餘間滿佈自身迴旋與乘風花旋的天花，充滿了飄然靈動之感。本件玉雕有明顯的黃土沁。

【長 21.0 cm／寬 14.5 cm／厚 0.8 c

西魏青玉雙脇侍佛陀像玉板雕畫（左脇侍持一大珠）

　　長方形青玉板，正面環邊飾山形紋，其內以淺浮雕方式刻飾一佛陀，法相安祥莊嚴，頭成肉髻相，眉間白毫。雙眼微張。身穿袈裟。右掌向前豎起施無畏印。結跏趺坐在覆蓮花座上。頭後有三道頭光，分別飾光芒紋、波浪紋與火焰紋。身後有四道背光，分別飾火焰紋、波浪紋、火焰紋與卷草紋。背光上方有華蓋。

　　佛陀的左脇侍，面容俊秀，頭戴日月紋飾。頭後方有一道頭光，右手彎曲上舉，抬起一大珠。左手下垂。身穿袈裟。身披天衣，其尾端呈羽紋狀。右脇侍的情景與左脇侍略同。只是上身裸露，下身穿袈裟，右手彎上持一小珠。剩下的空間滿佈自身迴旋與乘風花旋的天花，充滿了靈動之感。本件玉雕有明顯的土沁。

【長 21.0 ㎝ / 寬 14.5 ㎝ / 厚 0.7 ㎝】

西魏黃玉象鼻龍（頭向左）玉板雕畫

　　長方形黃玉板，正面環邊飾有山形紋，其內以淺浮雕方式刻飾一象鼻龍，四周圍繞有漢朝風格的雲氣紋。龍背部有一西魏時期的武士，身穿右襟左衽衣裳，持刀與盾。龍的前方有另一武士。龍的下方有一人首獸身的仙人（或羽人），龍的四周飾有許多瑞獸、鳳鳥及九尾狐。全器有土沁、水銀沁與白化現象。

【長 21.0 ㎝／寬 14.4 ㎝／厚 0.6 ㎝】

西魏黃玉曲身象鼻龍玉板雕畫

　　長方形黃玉板，正面環邊飾有山形紋，其內以淺浮雕方式刻飾一曲身象鼻龍，勁爪有力爪，且有寬大飛翼。四周圍繞有漢朝風格的瑞獸與雲氣紋。左上方有一具有六朝風格的羽人，正在翩翩起舞，舞姿曼妙。全器有土沁、水銀沁與白化現象。

【長 20.70 ㎝／寬 14.5 ㎝／厚 0.6 ㎝】

西魏黃玉象鼻龍玉板雕畫

　　長方形黃玉板，正面環邊飾有山形紋，其內以淺浮雕方式刻飾一象鼻龍，頭部向左。□周圍繞有漢代風格的瑞獸與雲氣紋。龍的上方有一人首獸身的仙人或羽人。全器有土□、水銀沁與白化現象。

【長 21.0 ㎝ ／ 寬 14.5 ㎝ ／ 厚 0.6 ㎝】

西魏黃玉象鼻龍（頭朝右）玉板雕畫

　　長方形黃玉板，正面環邊飾有山形紋，其內以淺浮雕方式刻飾一象鼻龍，頭部朝右。□周圍繞有漢代風格的瑞獸與雲氣紋。右下方有開明獸，右下角有伏羲（或女娃）。右□方有月宮與蟾蜍。左下角有一獸首人身的不知名獸，左下角有一人首雙蛇身，應是逢□龍。正中央有一人雙首與一人首雙獸腳的不知名獸。全器有土沁與白化現象。

【長 21.0 ㎝ ／ 寬 14.5 ㎝ ／ 厚 0.6 ㎝】

西魏青白玉佛陀像雙龍出廓璧

　　用青白玉以淺浮雕刻飾一出廓璧。中璧爲春秋風格的龍紋，其上之門神爲佛陀像，頂成肉髻相，雙眼微張，法相安祥莊嚴，右手掌向前豎起施無畏印。結跏趺坐在蓮花上。頭後有二道頭光，飾光芒紋與火焰紋。背後有三道背光，飾二道火焰紋與一道卷紋。佛陀的左右邊飾雙脇侍，雙脇侍的下方各飾一持戟菩薩。雙菩薩的下方飾二飛天，面面相對，並顯現出力與美的曼妙舞姿。中璧龍紋的下方飾一神鳥，其左右各一鳥獲背向而奔。其餘的空間滿佈自身迴旋與乘風花旋的天花。大圓璧上方飾二相向龍紋，拱一穀紋璧。全器有土沁與石灰水沁。

【 長 29.0 ㎝ ／ 寬 23.5 ㎝ ／ 厚 0.7 cr

西魏黃玉施無畏印菩薩像玉板雕畫

　　長方形黃玉板，正面環邊飾卷草紋，其內以淺浮雕方式刻飾一菩薩，面相清秀，頭戴日月形飾，頭後方有頭光。上身裸露，下身穿袈裟。雙腳交叉坐在覆蓮花座上。右手彎曲向上施無畏印。身上的天衣，其尾端成羽毛狀，隨風飄動。玉板的右上方飾一飛廉，左上方飾一鳳鳥。其餘的空間滿佈天花，或自身迴旋或乘風花旋，具有飄動的氛圍。玉板背面邊飾卷草紋，其內亦以淺浮雕刻飾一穀紋圓璧，四個角落飾四螭龍。本件玉雕左邊邊緣處鑽有一小圓洞，或爲配戴穿繩之用。玉板有石灰水沁。

【長 8.9 cm／寬 5.5 cm／厚 0.7 cm】

43

西魏黃玉佛陀與雙邊伏羲女娃像玉板雕像

　　長方形黃玉板，正面環邊飾卷草紋，其內以淺浮雕刻飾一佛陀，法相莊
成肉髻相，頭後方有二道頭光，飾光芒紋與火焰紋，背後有三道背光，飾二
卷草紋。身穿袈裟，結跏趺坐在蓮花座上。右手彎曲向上施無畏印。玉板上
飾伏羲與女娃像。玉板背面環邊飾卷草紋，其內飾一穀紋玉璧，四個角落飾
邊邊緣鑽有一圓洞，或為穿繩配戴之用。本件玉雕有石灰水沁。

【長 8.9 ㎝ ╱ 寬 5.5

西魏黃玉飛天玉板雕畫（面向左）

　　長方形黃玉板，正面環邊飾卷草紋，其內以淺浮雕方式刻飾一飛天。百
間白毫，頭戴日月形飾。頭後方有頭光。雙手彎曲向上飛舞著。上身裸露，
高踢出，同時彎曲膝蓋折回小腿置於大腿下方。左腿往後上方踢出，兩腿幾
顯現出力與美的曼妙舞姿。飛天的天衣，其後端形成似一連串的羽紋，隨風
的空間滿佈天花，或自身迴旋或乘風花旋，充滿了靈氣與動感。左邊邊緣外
孔，應為配戴穿繩之用。本玉板有明顯的黃土沁與石灰水沁。

西魏黃玉持鉢飛天玉板雕畫

　　長方形黃玉板，正面環邊飾卷草紋。其內以淺浮雕方式刻飾一飛天，面相秀美，眉間白毫，頭戴日月形飾，頭後方有頭光。裸露上身，旋轉身子，雙手合捧一鉢，坐在跪著的雙腿上，其下有一蓮花座。飛天的天衣，其末端似羽紋，隨風飄動。玉板的右上方飾一鳥獲，左上方飾一鳳鳥。其他的空間滿佈天花，或自身迴旋或乘風花旋，充滿了靈動之氣。本件玉雕左邊邊緣外鑽有一小圓洞，應為配戴穿繩之用。玉板有石灰水沁與土沁。

【長 8.9 cm／寬 5.5 cm／厚 0.7 cm】

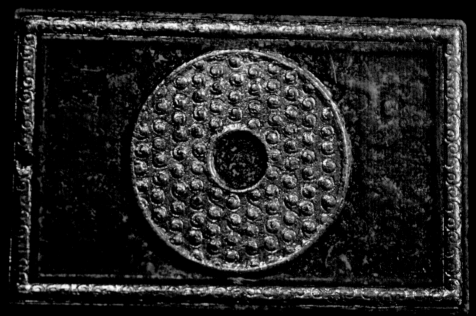

西魏青玉施無畏印佛陀鎏金像玉板雕畫

　　長方形青玉板，正面環邊飾卷草紋，其內以淺浮雕刻飾一坐姿佛陀，頂成肉髻相，法相安祥莊嚴。身穿袈裟。右手掌向前豎起施無畏印，結跏趺坐在蓮花座上。頭後有頭光，背後有數道背光，飾卷草紋與火焰紋等。

　　玉板的左上方飾一飛廉，右上方飾一神鳥。其餘的空間滿佈自身迴旋與乘風花旋的天花。佛陀像與邊框的卷草紋加以鎏金。玉板背面環邊飾卷草紋，其內以淺浮雕刻飾一穀紋圓璧，四個角落飾四螭龍。玉板左邊邊緣鑽一小圓孔，應爲穿繩配戴之用。邊框與圓璧皆加以鎏金。全器有明顯土沁。

【長 8.9 cm／寬 5.5 cm／厚 0.7 cm】

西魏青玉施無畏印菩薩像玉板雕畫

　　長方形青玉板，正面環邊飾卷草紋，其內以淺浮雕刻飾一坐姿菩薩，面相清秀，頭戴日月形飾。頭後方有頭光。上身裸露，下身穿袈裟。右手掌豎起施無畏印。結跏趺坐在蓮花座上。身披天衣，其尾端成羽毛狀，隨風飄動。

　　玉板的右上方飾一鳥獲，左上方飾一神獸。其餘的空間滿佈自身迴旋與乘風花旋的天花。菩薩像與邊框的卷草紋加以鎏金。玉板背面環邊飾卷草紋，其內以淺浮雕刻飾一穀紋玉璧，四個角落飾四螭龍。玉板右邊邊緣鑽有一小洞，應為穿繩配戴之用。邊框與圓璧皆加以鎏金。全器有明顯土沁。

【長 8.9 cm／寬 5.5 cm／厚 0.7 cm】

西魏青玉西方廣目天王持珠像玉板雕畫

長方形青玉板，正面環邊飾卷
草紋，其內以淺浮雕方式刻飾一天
王，相貌威嚴，頭戴一冠，身穿戰
袍，右手執一物，左手持一珠，其餘
的空間，滿佈自身迴旋與乘風花旋的
天花。天王像與邊框的卷草紋，皆加
以鎏金。玉板背面，四個角落飾四螭
龍。玉板上邊邊框鑽一小圓孔，應為
穿繩配戴之用。邊框與圓璧皆加以鎏
金。全器有明顯土沁。

【長 8.9 ㎝ / 寬 5.5 ㎝ / 厚 0.7 ㎝

西魏青玉菩薩持珠像玉板雕畫

長方形青玉板，正面環邊刻飾
卷草紋，其內以淺浮雕飾一菩薩，
面貌俊秀，頭戴日月形飾，頭後方有
頭光。身穿袈裟，層層的褶縐呈階梯
狀。身披天衣，其尾端成羽毛狀。右
手置於腰間，左手彎曲向上捧一寶
珠。其餘的空間滿佈自身迴旋與乘風
花旋的天花。菩薩像與卷草紋邊框皆
加以鎏金。玉板背面，環邊飾卷草
紋，其內以淺浮雕飾一穀紋圓璧，四
個角落飾四螭龍，玉板上邊邊緣鑽一
小圓孔，應為穿繩配戴之用。邊框卷
草紋及圓璧皆加以鎏金。全器有明顯
土沁。

【長 8.9 ㎝ / 寬 5.5 ㎝ / 厚 0.7 ㎝

西魏青玉八臂觀音玉板雕畫

　　長方形青玉板，正面環邊飾卷草紋，其內以淺浮雕刻飾立姿觀音，法相安祥莊嚴。身穿袈裟，頭後有頭光。觀音的八臂中，其中兩臂合掌於胸前，另右三臂分別執劍、箭及斧。左三臂分別執法輪、弓及佛珠。觀音的四周滿佈自身迴旋及乘風花旋的天花。觀音像及卷草紋邊框加以鎏金。玉板背面，環邊飾卷草紋，其內以淺浮雕飾一穀紋圓璧。四個角落飾四螭龍。玉板上邊邊緣鑽一小圓孔，應爲穿繩配戴之用。邊框卷草紋及圓璧皆加以鎏金。全器有明顯土沁。

【長 8.9 ㎝ ／ 寬 5.5 ㎝ ／ 厚 0.7 ㎝】

西魏青玉持傘菩薩像玉板雕畫

　　長方形青玉板，正面環邊刻飾卷草紋，其內以淺浮雕刻飾一菩薩，相貌威嚴，頭戴日月形飾。身穿戰袍，有胸護、腹護及腿護。頭後有頭光，右手向上舉起作一手勢。左手持一傘。身披天衣，其末端似羽紋，隨風飄動。其餘的空間滿佈自身迴旋與乘風花旋的天花。菩薩像及卷草紋邊框皆加以鎏金。玉板背面，環邊飾卷草紋，其內以淺浮雕飾一穀紋圓璧。四個角落飾四螭龍。玉板上邊邊緣中央處鑽一小圓孔，應爲穿繩配戴之用。圓璧及邊框卷草紋皆加以鎏金。全器有明顯土沁。

【長 8.9 ㎝ ／ 寬 5.5 ㎝ ／ 厚 0.7 ㎝】

西魏青玉持丸珠菩薩像玉板雕畫

　　長方形青玉板，以淺浮雕方式刻飾正面環邊的卷草紋，框內飾一菩薩，相貌秀雅，頭戴日月形飾。上身裸露，下身穿袈裟。頭後有頭光。左手彎曲向上舉起一丸珠。身披衣，其末端似羽紋，隨風飄動。其餘的空間，滿佈自身迴旋與乘風花旋的天花。菩薩像及卷草紋邊框皆加以鎏金。玉板背面，亦以淺浮雕方式，環邊飾卷草紋。框內飾一圓璧，四個角落有四螭龍。玉板上邊邊緣中央處鑽一小圓孔，應爲穿繩配戴之用。圓璧及邊框卷草紋皆加以鎏金。全器有明顯土沁。

【長 8.9 ㎝／寬 5.5 ㎝／厚 0.7 ㎝】

西魏青玉持蓮花菩薩像玉板雕畫

　　長方形青玉板，以淺浮雕方式刻飾，正面環邊卷草紋，框內飾一菩薩，相貌俊秀，頭戴冠飾，身披袈裟，頭後有頭光。左手彎曲持一蓮花於胸前。結跏趺坐在一仰蓮花座上。其餘的空間滿佈自身迴旋與乘風花旋的天花。菩薩像及卷草紋邊框皆加以鎏金。玉板背面，環邊飾卷草紋，其內飾一穀紋圓璧，四個角落飾四螭龍。玉板上邊邊緣中央處，鑽一小圓孔，應爲穿繩配戴之用。圓璧及邊框卷草紋皆加以鎏金。全器有明顯土沁。

【長 8.9 ㎝／寬 5.5 ㎝／厚 0.7 ㎝】

西魏青玉菩薩像玉板雕畫

　　長方形青玉板，以淺浮雕方式刻飾，正面環邊卷草紋，框內飾一菩薩，相貌俊秀，頭戴冠飾，頭後方有頭光，上身裸露，下身穿袈裟。身披天衣，其末端似羽紋。站在一蓮花座上。其餘的空間，滿佈自身迴旋與乘風花旋的天花。菩薩像及卷草紋邊框皆加以鎏金。玉板背面，環邊飾卷草紋，其內飾一穀紋圓璧，四個角落飾四螭龍，玉板上邊邊緣中央處鑽一小圓孔，應爲穿繩配戴之用。圓璧及邊框卷草紋，皆加以鎏金。全器有明顯土沁。

【長 8.9 cm ／ 寬 5.5 cm ／ 厚 0.7 cm】

六朝黃玉橢圓形玉板雕畫

　　以黃玉刻成的橢圓雕板，中央為獸面紋，下為迦邏鳥神。左上緣為雙龍搶珠（太陽
紋，側面左右邊有雙蛇紋，下方應是女娃雕像，人身蛇尾，人首上有四條蛇。女娃一□
置於胸前，另一手施滅惡趣印。全器飾以淺浮雕。每條紋路都呈現鑽圓形雕紋相連，□
一公分之小段中，就有二、三十個圓鑽紋相連，而並非是跎鑽尖頭尖尾之雕痕。全器□
部分白化現象。

【長 27.7 ㎝ / 寬 20.8 ㎝ / 厚 0.7 ㎝

六朝青黃玉出廓璧

用青黃玉刻成的出廓璧，出廓部分爲獸面紋。璧正中央爲朱雀紋，四周有五個柿葉紋與蓮花紋。左右側緣有龍紋與鳳紋。下緣右爲龍紋，左爲虎紋。下方正中央爲太陽紋。獸面紋上方的正中央有顓頊像。北魏書：“吾祖顓頊…”。此出廓璧正中爲朱雀，左爲西虎，右爲東龍，獨缺玄武紋，所以獸紋應爲代表顓頊之北方玄武。全器有白化現象。

【長 26.5 ㎝／寬 21.2 ㎝／厚 1.0 ㎝】

六朝青黃玉獸紋玉板雕畫

　　由青黃玉刻成的雕畫，外形成龍鱗紋，其上爲獸面紋，以雙龍爲角，額中央爲朱雀紋，獸面紋下方有圓形龜紋。其兩側有舞女。下方有虎面紋。四周圍以龍紋、朱雀紋。外圍以圓圈圍成橢圓形。全器到處都有局部白化現象。

【長 30.0 cm ／ 寬 26.3 cm ／ 厚 1.1 cm】

第貳章・六朝玉板面具

五件玉板面具斷代依據：

一、雕工、工法與西魏敦煌風格玉板雕畫一樣，可知年代相近，玉種亦相近的和田黃玉。

二、髭髮髮式，應為北方胡人。

三、玉雕上，氣的表現為漢朝風格。

所以作者把這五件史料未見，無所參考的玉面具，斷代為六朝玉件。

六朝黃玉玉板面具

　　以黃玉刻成的玉板面具，黥面紋，頭部上方有一首雙身的飛虎紋。眉上有朱雀紋，
嘴部有四牙的鑿齒，上下交錯。嘴角外，雙龍紋。全面以淺浮雕雲紋與陰刻雲紋來表現
黥面紋的圖騰。全器有些局部的黑色沁。

【長 21.0 cm／寬 15.0 cm／厚 0.5 cm】

六朝青黃玉玉板面具

　　用青黃玉刻成的面具，頭部上方以雙魚龍來表示髮型。以鳥羽紋爲頭髮。雙月形眉毛。雙眼的雕紋與良渚文化人神紋的獸面的雕法一樣（這是極爲特殊的眼部雕紋）。鼻子有五條圭形紋。四牙交錯鑿齒。耳垂下方雕以龍紋。全器有一些黑色沁。

【長 19.5 ㎝／寬 15.2 ㎝／厚 0.7 ㎝】

六朝青黃玉玉板面具

　　由青黃玉刻成的面具，髡髮樣式。頭頂飾以雙龍。雙耳雕以淺浮雕雲紋。耳下方頭髮卷曲上翹。頭上頭髮位置的雙角落，飾以太陽紋。頭髮則飾以螺旋紋。眉毛雙月形，眼球部分飾以太陽紋。臉頰部份雕以朱雀紋。臉部飾以漢朝風格的雲氣紋。全器有局部的黑色沁。

【長 16.5 ㎝／寬 17.5 ㎝／厚 0.7 ㎝】

六朝黃玉玉板面具

　　以黃玉刻成的面具，上方飾
獸面雙鳳尾紋。頭髮上有平行髮紋
鳥羽紋、螺旋雲紋、雲紋。眼睛飾
太陽紋。面頰兩側飾以鳳紋。鑿齒
牙交錯。下有鬍鬚。面具下部外緣
以龍紋。整個面具以漢朝之雲氣紋
雕刻表達。全器有輕微的黑色沁。

【長 19.8 ㎝ ／ 寬 15.2 ㎝ ／ 厚 0.8 ㎝

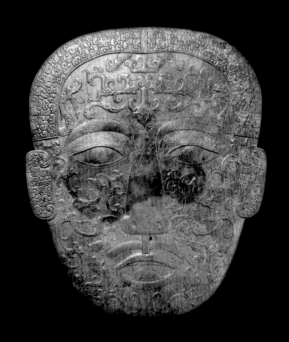

六朝青黃玉玉板面具

　　由青黃玉刻成的面具，頭髮
耳部飾以雲紋。半月形的眉毛。以
陽紋表示眼睛。額頭的兩側，各雕
鳳紋與龍紋。臉頰兩側上有鳳紋，
有虎紋。此面具雕以髭毛紋。整個
具以漢朝之雲氣紋來雕刻表達。全
有部分黑色沁。

【長 17.5 ㎝ ／ 寬 15.0 ㎝ ／ 厚 0.8 ㎝

第參章・六朝組合玉板雕件、玉帶板

此七十四件青白玉白化現象，一坑玉件中由十三件組合式片狀圖版玉雕，及玉帶板（玉帶板原件更多，排除重覆玉件也有五十件）。

斷代依據：

一、圖板組人物都為髡髮。

二、玉帶板中飛天、天衣為六朝風格之氣。

三、拂塵為六朝風行之羽扇，此點特別重要。

四、千秋鳥、萬歲獸。萬歲獸亦是六朝喜歡的瑞獸。

五、四神獸，附有自花飛旋的寶相花亦是六朝特色。

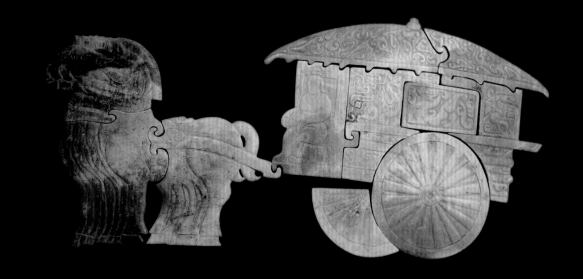

六朝青白玉四馬禮車組合玉板雕件（十一片玉板組合）

　　由十一片青白玉板，以淺浮雕方式刻飾而成的各個局部，組合成壹四馬雙輪禮車，美輪美奐。紋飾主要爲雲紋，並有漢代打孔的雕法、虎紋、獸面紋。衝車夫的長髮頭上有髮髻，身穿右衽長袍。在禮制上，四馬禮車的使用，屬於諸侯階級。統治王，則爲六馬禮車。全器有明顯的土沁及石灰水沁。玉質有些白化現象，此爲長時間受地熱作用所致。

【長 39.0 ㎝／寬 18.0 ㎝／厚 0.5 ㎝】

六朝鮮卑羽人武士持燭檯組合玉板雕件（十四片玉板組合而成）

　　由十四片玉質不辨的玉板，以淺浮雕方式刻飾而成的各個局部，組合而成的一位鮮卑羽人武士持燭檯像。武士的頭髮成尖形上卷。口露獠牙。背上有羽毛翅膀。腳穿胡人雲靴。耳朵以雲紋飾之。其他也到處可見雲紋及神獸紋飾，以及漢代打孔雕法。武士手部之下，大腿之上飾一昂首螭龍。全器有土沁及石灰水沁等沁色嚴重，以致於玉質無法辨識。

【長 35.0 ㎝／寬 20.0 ㎝／厚 0.4 ㎝】

六朝青白玉四馬指揮戰車組合玉板雕件
（十六片玉板組合而成）

　　由十六片青白玉板，以淺浮雕方式刻飾而成的各個局部，組合而成壹四馬雙輪指揮戰車，美輪美奐。紋飾主要爲雲紋、神鳥紋、神獸紋、獸面紋等。並有漢代打孔的雕法。指揮官面容嚴肅，頭上有一髮髻。身穿戰袍，有胸護，站在指揮檯上。左手往前舉起，食指伸出，似有所指。二輪馬車上豎起一傘，其上站一神鳥，看著前方。四馬是停止站立的姿態。全器有明顯的土沁及石灰水沁，以及某些地方有白化的現象。

【長 33.0 ㎝／寬 22.0 ㎝／厚 0.5 ㎝】

六朝青白玉龜馱尊組合玉板雕件（十四片玉板組合而成）

　　由十四片青玉板，以淺浮雕方式刻飾而成的各個局部，組合成一龜馱尊像。尊的中間部份，其紋飾爲西周紋飾，其餘的紋飾，有雲紋、獸面紋、神鳥紋及人物紋等。龜身上有漢代打孔的雕法。全器有明顯的土沁與石灰水沁，以及白化的現象。

【長 30.0 ㎝／寬 30.0 ㎝／厚 0.5 ㎝】

六朝青白玉西虎紋組合玉板雕件

　　由十二片青白玉板，以淺浮雕方式刻飾而成的各個拼圖局部，組合成一昂首張口□
虎。右前肢高高抬起直至虎首位置，顯現充滿活力。其紋飾有漢舞人吹笛、熊、龍、□
與瑞獸等紋，以及漢代打孔的雕法。全器有明顯的土沁、石灰水沁以及部份白化的現象

【長 38.0 cm／寬 26.0 cm／厚 0.5 c□

六朝青白玉胡人巫師與□燭檯座組合玉板雕件

　　由十四片青白玉板以淺浮雕方式□
飾而成的各個拼圖局部，組合成一胡人□
師，頭部及雙手各頂著燭檯座。胡人□
上留著鬍子，雙耳邊有髭髮的樣式。頭□
上站著兩隻背對的鳳鳥，其上再馱著一□
檯。胡人身穿上衣下裳的左衽胡服。腳□
胡人雲頭靴，直立站在一檯上。檯子的□
邊各立一隻背對的鳳鳥。整個構圖頗顯□
嚴與隆重。全器有明顯的土沁、石灰水□
與部份因地熱而白化的現象。

【長 39.0 cm／寬 22.0 cm／厚 0.5 c□

六朝青白玉虎尊組合玉板雕件

　　由十一片青白玉板，以淺浮雕方式刻飾而成的各個拼圖局部，組合成一虎尊。虎首鳳尾為紋飾的蓋子與尊形器。其他的紋飾尚有雲紋、神獸紋以及漢代打孔的雕法。虎，大張其口，身上有飛翼，蓋上的老虎亦虎口大開，威風凜凜的樣子。全器有明顯的土沁、石灰水沁以及因地熱而白化的現象。

【長 33.0 cm／寬 24.0 cm／厚 0.5 cm】

六朝青白玉鳳鳥紋組合玉板雕件

　　由十片青白玉板，以淺浮雕方式刻飾而成的各個拼圖局部，組合成一展翅鳳鳥。其上的紋飾主要有雲紋、虎紋、鳳紋、胡人紋等。並採用漢代打孔的雕法。整隻鳳鳥豐健有力，栩栩如生。全器有明顯的土沁、石灰水沁以及因地熱而白化的雞骨白現象。

【長 37.0 cm／寬 22.0 cm／厚 0.5 cm】

六朝青白玉虎馱四鳳尊組合玉板雕件

　　由十四片青白玉，以淺浮雕方式刻飾而成的各個拼圖局部，組合成一虎馱四鳳尊。尊由四支鳳鳥四個角落，背向護衛著。其上的紋飾有雲紋、獸面紋、太極紋等。並採用漢代打孔的雕法。全器有土沁、石灰水沁以及因地熱而白化的局部現象。

【長 33.0 cm／寬 25.0 cm／厚 0.5 cm】

六朝青白玉龍頂西王母座碗組合玉板雕件

由十七片青白玉，以淺浮雕方式刻飾而成的各個拼圖局部，組合成二龍頂西王母座碗雕件。西王母結跏趺坐在仰蓮花座上，身旁二柱刻飾伏羲與女娃。柱上有二身穿喇叭袖的漢舞人。其上一華蓋，兩邊飾有活動圓環。正上方一昂首鳳鳥，其下一蓮花形座碗。再下方為一象鼻龍身合體獸以及一隻螭龍共同頂著座碗。整個構圖奇特，相當神幻。其上的紋飾有雲紋、神獸紋以及採用漢代打孔雕法。全器有土沁、石灰水沁以及因地熱而白化的現象。

【長 37.0 cm／寬 25.0 cm／厚 0.5 cm】

六朝青白玉奔馬組合玉板雕件

由十三片青白玉，以淺浮雕方式刻飾而成的各個拼圖局部，組合成一奔馬。馬的前身及二前腿突出，馬首後縮，後二腿一前一後跟進，似乎正在飛奔衝刺。馬尾飾以扭絲紋。奔馬上的紋飾有雲紋、螭龍、瑞獸、胡人等紋。以及漢代打孔雕法。全器有土沁、石灰水沁以及因地熱而白化的現象。

【長 37.0 cm／寬 27.0 cm／厚 0.5 cm】

六朝青白玉龜蛇交纏組合玉板雕件

　　由十四片青白玉以淺浮雕方式刻飾而成的各個拼圖局部組合成一龜蛇交纏的圖像。由於有缺片，所以組合成的樣子，看起來並不是很完整，但仍不失原意。整個雕件有雲紋、龍、虎、鳳等紋飾以及漢代打孔雕法。全器有土沁、石灰水沁和局部因地熱而白化的現象。

【長 37.0 ㎝ / 寬 23.0 ㎝ / 厚 0.5 ㎝】

六朝青白玉巫師持油燈組合玉板雕件

　　由十七片青白玉以淺浮雕方式刻飾而成的各個拼圖的局部，組合成一巫師，頭頂上以及雙手各持一油燈。巫師頭的兩側各蓄一撮頭髮，顯示出胡人的形象。穿對襟，上衣下裳的服裝。下裳的兩側各停一鳳鳥。巫師立於一虎頭馬蹄的神獸背上，氣氛安祥神聖。整個雕件上有雲紋、神獸、神鳥、虎、穀紋等。以及漢代打孔雕法。全器有土沁、石灰水沁和局部因地熱而白化的現象。

【長 42.0 ㎝ / 寬 27.0 ㎝ / 厚 0.5 ㎝】

六朝白玉玉帶鈎首雕飾飛天持拂塵與摩尼珠

由白玉雕成的玉帶鈎首，其上以淺浮雕刻飾一飛天，相貌秀雅，頭上一圓髻。左手執一拂塵，右手持一摩尼珠。身穿寬袖衣裳，隨風飄逸。鈎處飾有獸面紋。全器有黃土沁、石灰水沁與局部雞骨白現象。

【長 6.7 cm／寬 4.8 cm／厚 0.7 cm】

六朝白玉玉帶鈎環雕飾飛天持拂塵與摩尼珠

由白玉雕成的玉帶鈎環，其上以淺浮雕刻飾了一飛天，相貌秀雅，頭上有羽毛形帽。左手執一拂塵，右手持一摩尼珠。身穿寬袖衣裳，隨風飄逸。全器有黃土沁、石灰水沁與因地熱呈現的雞骨白現象。

【長 6.5 cm／寬 4.5 cm／厚 0.9 cm】

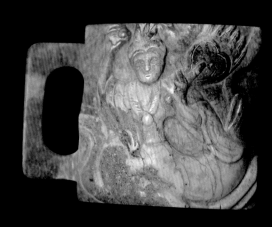

六朝白玉萬歲獸紋玉帶板鉈尾

白玉玉帶板鉈尾，其上以淺浮雕刻飾了一萬歲獸，人面、雲紋耳，身穿寬袖上衣，隨風飄逸。獸的下身及雙足。萬歲獸右手持瑞草，整個畫面有一種氣的飄動感覺。全器有土沁、石灰水沁與局部雞骨白現象。

【長 5.5 cm／寬 4.5 cm／厚 0.6 cm】

六朝白玉千秋鳥紋玉帶板鉈尾

　　白玉玉帶板鉈尾，其上以淺浮雕刻飾了一千秋鳥，人面、雲紋耳，身穿寬袖上衣，
風飄逸，鳥的下身。千秋鳥右手持瑞草。整個畫面有一種氣的飄動感覺。全器有土沁、
灰水沁與局部雞骨白現象。

【長 5.5 ㎝ ╱ 寬 4.5 ㎝ ╱ 厚 0.6 ㎝】

六朝白玉飛天持拂塵與瑞草紋玉帶板

　　由白玉雕成的玉帶板，其上以淺浮雕刻飾了一飛天，雲紋耳，頭戴羽毛紋帽。身穿
束腰寬鬆衣裳。左手持拂塵，右手執瑞草。衣物似乎隨風往上飄動。有一種氣的流動感
覺。全器有土沁、石灰水沁與局部雞骨白現象。

【長 4.5 ㎝ ╱ 寬 4.3 ㎝ ╱ 厚 0.6 ㎝】

六朝白玉飛天右手[]擔靈芝紋玉帶板

由白玉雕成的玉帶板，其上[]淺浮雕刻飾了一飛天，雲紋耳，[]戴羽毛紋帽，身穿寬鬆衣裳。右手[]擔靈芝。衣物似乎隨風往上飄動，[]一種氣的流動感覺。全器有土沁、[]灰水沁與局部因地熱而致的雞骨白[]象。

【長 4.6 cm／寬 4.6 cm／厚 0.6 cm】

六朝白玉飛天持拂塵與摩尼珠紋玉帶板

由白玉雕成的玉帶板，其上以淺浮雕刻飾了一飛天，頭戴一倭墮髻，身穿喇叭袖束腰，寬鬆衣裳。右手執拂塵，左手持一摩尼珠。身上的衣服隨風飄逸有一種氣向上流動的感覺。全器有土沁、石灰水沁與局部因地熱而致的雞骨白現象。

【長 4.6 cm／寬 4.5 cm／厚 0.6 cm】

六朝白玉飛天持瑞草紋玉帶板

由白玉雕成的玉帶板，其上[]淺浮雕刻飾了一飛天，雲紋耳，頭[]羽毛紋帽，身穿束腰寬鬆衣裳。左[]持瑞草。衣物似乎隨風往上飄動，[]一種氣的流動感覺。全器有土沁、[]灰水沁與局部因地熱而致的雞骨白[]象。

【長 4.6 cm／寬 4.6 cm／厚 0.6 cm】

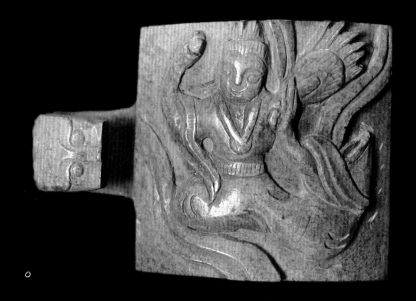

六朝白玉玉帶鉤首雕飾飛天持拂塵與摩尼珠

　　由白玉雕成的玉帶鉤首，其上以淺浮雕刻飾一飛天，相貌秀雅，頭上戴羽毛形帽。
手執一拂塵，右手持一摩尼珠。身穿束腰寬袖衣裳，隨風飄逸。鉤處飾有獸面紋。全
有黃土沁、石灰水沁與局部雞骨白現象。

【長 6.8 cm／寬 4.6 cm／厚 1.0 cm】

六朝白玉玉帶鉤環雕飾飛天持拂塵與仙桃

　　由白玉雕成的玉帶鉤環，其上以淺浮雕刻飾一飛天，相貌秀雅，頭上一圓形髮髻。
手執拂塵，右手持一仙桃。身穿寬袖衣裳，隨風飄逸，有一種氣的向上流動的感覺。
器有黃土沁、石灰水沁與局部雞骨白現象。

【長 6.2 cm／寬 4.6 cm／厚 1.0 cm】

六朝白玉北玄武紋玉帶板

由白玉雕成的玉帶板，其上以淺浮雕刻飾一玄武，尾部爲一蛇頭及部份蛇身。畫面另有自花飛旋的寶相花以及雲氣紋，顯示出氣的飄動。全器有黃土沁、石灰水沁與部份雞骨白現象。

【長 6.6 cm／寬 4.5 cm／厚 0.6 cm】

六朝白玉南朱雀紋玉帶板

由白玉雕成的玉帶板，其上以淺浮雕刻飾一朱雀，抬頭、張口、昂胸、展翅，氣勢飽滿的樣子。畫面上另有自花飛旋的寶相花以及雲氣紋，顯示出氣的飄動。全器有黃土沁、石灰水沁與局部雞骨白現象。

【長 6.7 cm／寬 4.5 cm／厚 0.6 cm】

六朝白玉東靑龍紋玉帶板

由白玉雕成的玉帶板，其上以淺浮雕刻飾一靑龍，抬頭、張口、龍牙，捲曲扭動著身子，充滿活力。畫面上另有自花飛旋的寶相花，以及雲氣紋，顯示出氣的飄動。全器有黃土沁、石灰水沁與局部雞骨白現象。

【長 6.6 cm／寬 4.6 cm／厚 0.6 cm】

六朝白玉西白虎紋玉帶板

　　由白玉雕成的玉帶板，其上以淺浮雕刻飾一白虎，抬頭、張口、露虎牙。快步前行，充滿活力。畫面上另有自花飛旋的寶相花以及雲氣紋，顯示出氣的向上飄動。全器有黃土沁與局部雞骨白現象。

【長 6.6 cm／寬 4.6 cm／厚 0.6 cm】

六朝青白玉神獸紋玉帶板

　　由青白玉雕成的玉帶板，其上以淺浮雕刻飾了一神獸，粗壯的身體、四肢、尾巴，以及露出嘴巴的舌頭，幾乎佔滿了小小長方形畫面，只留下邊緣的極小空間。這種誇張的造型，應該算是一種創新的風格，不同於傳統的寫實技法。全器有土沁以及雞骨白現象。

【長 5.9 cm／寬 4.5 cm／厚 0.5 cm】

帶板

　　由青白玉雕成的玉帶板，其上以淺浮雕刻飾了一神獸，神獸正以舌舔背毛。粗壯的身體、四肢、尾巴幾乎佔滿了整個小小長方形畫面，留下邊緣極小的空間。這種誇張的造型，應該算是一種創新的風格。全器有土沁以及雞骨白現象。

【長 5.9 cm／寬 4.5 cm／厚 0.6 cm】

六朝青白玉神獸紋玉帶板

　　由青白玉雕成的玉帶板，其上以淺浮雕刻飾了一神獸。壯碩的身軀、粗大的四肢，再加上尾巴及一把鬍子。把整個長方形畫面幾乎佔滿了，只留下邊緣的極小的空間。神獸張開大嘴，露出牙齒狀及兇猛的樣子。全器有土沁以及雞骨白現象。

【長 5.9 cm／寬 4.5 cm／厚 0.7 cm】

六朝青白玉神獸虎紋玉帶板

　　由青白玉雕成的玉帶板，其上以淺浮雕刻飾了一神獸虎，因牠的耳朵與頭部類虎，所以暫稱之為神獸虎。壯碩的身軀、粗大的四肢，再加上大大的尾巴，幾乎佔滿了整個長方形畫面，只剩下邊緣的極小空間。全器有土沁以及雞骨白現象。

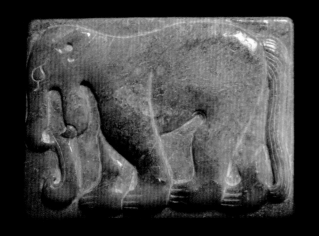

六朝青白玉神獸紋玉帶板

　　由青白玉雕成的玉帶板，其上以淺浮雕刻飾了一神獸，粗壯的身軀、粗大的四肢，大大的尾巴以及一條長長卷曲的大舌頭，幾乎擠滿了整個畫面，只留下邊緣極小的空間。這種不同於傳統的寫實技法，在當時也是一種創新的藝術風格。全器有土沁及雞骨白現象。

【長 5.9 cm／寬 4.4 cm／厚 0.6 cm】

六朝青白玉瑞獸紋玉帶鈎首

　　由青白玉雕成的玉帶鈎首，其上以淺浮雕刻飾了一瑞獸，充份表現出獸身的各部份肌肉，肥頭大面，粗壯的身體及四肢，幾乎佔滿了整個畫面，只留下邊緣的空間位置。不著重寫實，只注重寫意，形成一種獨特的藝術風格，就當時來說，這也可能是一種創新的藝術。鈎處飾有獸面紋。全器有黃土沁與局部雞骨白現象。

【長 9.0 cm／寬 5.0 cm／厚 1.0 cm】

六朝青白玉瑞獸紋玉帶鈎環

　　由青白玉雕成的玉帶鈎環，其上以淺浮雕刻飾了一瑞獸，粗壯的身體以及四肢，加上尾巴與鬍子，幾乎擠滿了整個畫面，只留下邊緣的空間位置，這種造型上的誇張手法，難得一見，也可能在當時是一種創新的藝術風格。全器有黃土沁與局部雞骨白的現象。

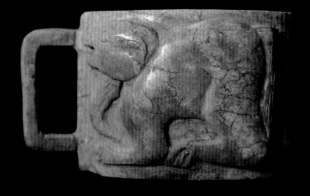

【長 7.2 cm／寬 4.7 cm／厚 1.0 cm】

六朝青白玉神獸紋玉帶板

　　由青白玉雕成的玉帶板，其上以淺浮雕刻飾了一神獸，粗壯的身體以及四肢加上尾巴，幾乎佔滿了整個畫面，只留下邊緣極小的空間位置。這種造型上的誇張手法，也許在當時是一種創新的藝術風格，打破了傳統的寫實技法。全器有黃土沁與微微的雞骨白現象。

【長 5.9 ㎝ ／ 寬 4.4 ㎝ ／ 厚 0.6 ㎝】

六朝青白玉神獸紋玉帶板

　　由青白玉雕成的玉帶板，其上以淺浮雕刻飾了一神獸，粗壯的身體、四肢、尾巴加上背上一束束卷曲狀的鬃毛及背毛，幾乎佔滿了整個畫面，只留下邊緣的極小空間。這種造型上的誇張手法，應該是一種藝術風格的創新，不同於傳統的寫實技法。全器有土沁與微微的雞骨白現象。

【長 6.0 ㎝ ／ 寬 4.5 ㎝ ／ 厚 0.6 ㎝】

六朝青白玉神獸紋玉帶板

　　由青白玉雕成的玉帶板，其上以淺浮雕刻飾了一神獸，粗壯的身體、四肢以及一條長長卷曲的大舌頭，幾乎擠滿了整個畫面，只留下邊緣的極小空間，這種誇張的造型，以當時而論應該是一種創新的藝術風格，不同於傳統的寫實技法。全器有土沁與微微的雞骨白現象。

【長 6.1 ㎝ ╱ 寬 4.5 ㎝ ╱ 厚 0.6 ㎝】

六朝青白玉神獸紋玉帶板

　　由青白玉雕成的玉帶板，其上以淺浮雕刻飾了一神獸，粗壯的身體、四肢、尾巴，加上背上一卷卷的鬃毛及背毛，幾乎佔滿了整個畫面，只留下邊緣極小的空間，這種造型上誇張的手法，應該是一種藝術風格的創新，不同於傳統的寫實觀念。全器有土沁與雞骨白現象。

【長 6.0 ㎝ ╱ 寬 4.6 ㎝ ╱ 厚 0.6 ㎝】

六朝白玉玉帶鉤首雕飾卷曲鬃毛背神獸紋

　　由白玉雕成的玉帶鉤首，其上以淺浮雕刻飾了一神獸，粗壯的身軀、四肢、尾巴，加上背上一束束卷曲的鬃毛及背毛，幾乎佔滿了整個畫面。鉤處飾有獸面紋。全器有黃土沁與雞骨白現象。

【長 8.0 ㎝ ╱ 寬 4.6 ㎝ ╱ 厚 0.7 ㎝】

六朝白玉玉帶鉤環雕飾卷曲鬃毛背神獸紋

　　由白玉雕成的玉帶鉤環，其上以淺浮雕刻飾了一神獸，粗壯的身軀、四肢、尾巴，加上背上一束束卷曲的鬃毛及背毛，幾乎佔滿了整個畫面。全器有黃土沁與雞骨白的現象。

【長 7.1 cm／寬 4.5 cm／厚 0.7 cm】

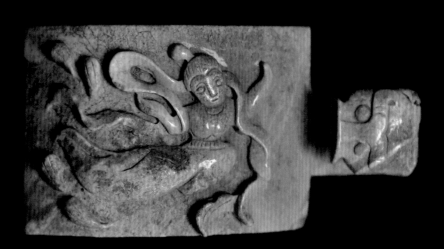

六朝青白玉飛天紋玉帶鉤首

　　由青白玉雕成玉帶鉤首，其上以淺浮雕刻飾了一飛天，面貌秀雅，頭上一髮髻，身穿束腰寬鬆衣裳，身披天衣，隨風飄逸。鉤處飾有獸面紋。全器有黃土沁與雞骨白現象

【長 7.5 cm／寬 3.7 cm／厚 0.6 cm】

六朝青白玉飛天紋玉帶鈎環

　　由青白玉雕成的玉帶鈎環，其上以淺浮雕刻飾了一飛天，面貌秀雅，頭上一髮髻，身穿束腰寬鬆衣裳，身披天衣，隨風往後往上飄逸。全器有黃土沁與雞骨白現象。

【長 6.7 cm／寬 3.7 cm／厚 0.7 cm】

六朝青白玉類羊瑞紋玉帶板

　　由青白玉雕成的玉帶板，其上以淺浮雕刻飾了一隻類似羊的瑞獸，以一種往前衝的姿態呈現。周遭滿飾雲氣紋。全器有黃土沁與鐵質沉積物，以及雞骨白現象。

【長 5.5 cm／寬 3.6 cm／厚 0.4 cm】

六朝青白玉轉頭瑞獸紋玉帶板

　　由青白玉雕成的玉帶板，其上以淺浮雕刻飾了一瑞獸，正在飛奔，猛一轉頭後視的剎那景象。周遭滿飾雲氣紋。全器有黃土沁及局部雞骨白現象。

【長 5.5 cm／寬 3.6 cm／厚 0.4 cm】

六朝青白玉昂首飛奔瑞獸紋玉帶板

　　由青白玉雕成的玉帶板，其上以淺浮雕刻飾了一瑞獸正昂首飛奔。周遭滿飾雲氣紋。全器有黃土沁與受地熱而致的雞骨白現象。

【長 5.6 ㎝／寬 3.9 ㎝／厚 0.6 ㎝】

六朝青白玉轉首瑞獸紋玉帶板

　　由青白玉雕成的玉帶板，其上以淺浮雕刻飾了一瑞獸，正在飛奔，猛一轉首的剎那景象。周遭滿飾雲氣紋。全器有黃土沁及局部雞骨白現象。

【長 5.6 ㎝／寬 3.3 ㎝／厚 0.6 ㎝】

六朝青白玉快步前行瑞獸紋玉帶板

　　由青白玉雕成的玉帶板，其上以淺浮雕刻飾了一瑞獸，壯碩的身軀，正快步前行。周遭滿飾雲氣紋。全器有黃土沁及局部雞骨白現象。

【長 5.5 ㎝／寬 3.6 ㎝／厚 0.5 ㎝】

六朝青白玉回首瑞獸紋玉帶板

　　由青白玉雕成的玉帶板，其上以淺浮雕刻飾了一瑞獸，正奔馳前行，猛然回首的一剎那。周遭滿飾雲氣紋。全器有黃土沁及局部微微的雞骨白現象。

【長 5.5 ㎝／寬 3.7 ㎝／厚 0.4 ㎝】

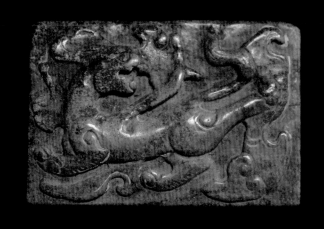

六朝青白玉昂首飛奔瑞獸紋玉帶板

　　由青白玉雕成的玉帶板，其上以淺浮雕刻飾了一瑞獸，正昂首疾奔，周遭滿飾雲氣紋。全器有黃土沁及受地熱而致的雞骨白現象。

【長 5.6 ㎝／寬 3.7 ㎝／厚 0.4 ㎝】

六朝青白玉似鹿瑞獸紋玉帶板

　　由青白玉雕成的玉帶板，其上以淺浮雕刻飾了一似鹿的瑞獸，正昂首拔腿狂奔。周遭滿飾雲氣紋。全器有黃土沁及因受地熱而致的雞骨白現象。

【長 5.6 ㎝／寬 3.7 ㎝／厚 0.4 ㎝

六朝青白玉張口露牙瑞獸紋玉帶板

　　由青白玉雕成的玉帶板，其上以淺浮雕刻飾了一張口露牙的瑞獸，正快速疾奔。周遭滿飾雲氣紋。全器有黃土沁與雞骨白現象。

【長 5.6 ㎝／寬 3.7 ㎝／厚 0.4 ㎝】

六朝青白玉呈壽衣沁
瑞獸紋玉帶板

　　由青白玉雕成的玉帶板，其上
以淺浮雕刻飾了一張口前行的瑞獸，
周遭滿佈雲氣紋。玉帶板背面呈現明
顯的壽衣沁。正面也有一些。此外全
器有黃土沁與雞骨白現象。

【長 5.5 ㎝ ∕ 寬 3.6 ㎝ ∕ 厚 0.5 ㎝】

六朝青白玉仿周鳳鳥
紋玉帶鈎首

　　由青白玉雕成的玉帶鈎首，其
以淺浮雕刻飾了一鳳鳥，昂首展翅
飛的模樣。其型態是以仿周的紋飾
呈現。鈎處飾有獸面紋。全器有黃
沁與局部雞骨白現象。

【長 8.0 ㎝ ∕ 寬 4.4 ㎝ ∕ 厚 1.0 ㎝】

六朝青白玉仿周龍紋
玉帶鈎環

　　由青白玉雕成的玉帶鈎環，其
上以淺浮雕刻飾了一卷龍，其型態是
以仿周的紋飾來呈現。全器有黃土沁
與局部雞骨白現象。

【長 7.0 ㎝ ∕ 寬 4.3 ㎝ ∕ 厚 1.0 ㎝】

六朝青白玉仿周雙龍紋玉帶板

　　由青白玉雕成的玉帶板，其上以淺浮雕刻飾了雙龍，面對面，？尾，以仿周的紋飾來呈現。剩下的？間飾雲氣紋。全器有黃土沁與局部？骨白現象。

【長 5.5 cm／寬 4.3 cm／厚 0.7 cm】

六朝青白玉仿周雙龍離珠紋玉帶板

　　由青白玉雕成的玉帶板，其上以淺浮雕刻飾了雙龍，頭與頭相對，尾與尾相近，中間安置了離珠（卽太陽）。剩下的空間飾雲氣紋。整個型態是以仿周的紋飾來呈現。全器有黃土沁與局部雞骨白現象。

【長 5.4 cm／寬 4.1 cm／厚 0.7 cm】

六朝青白玉仿周展翅鳳鳥紋玉帶板

　　由青白玉雕成的玉帶板，其上以淺浮雕刻飾了一展翅鳳鳥。其餘的空間飾雲氣紋。整個型態是以仿周的紋飾來處理。全器有黃土沁與局部雞骨白現象。

【長 5.4 cm／寬 4.1 cm／厚 0.7 cm】

六朝青白玉仿周昂首開口鳳鳥紋玉帶板

　　由青白玉雕成的玉帶板，其上以淺浮雕刻飾了一昂首開口的鳳鳥。其餘的空間飾雲氣紋。整個型態是以仿周的紋飾來呈現。全器有黃土沁與局部雞骨白現象。

【長 5.0 ㎝／寬 4.2 ㎝／厚 0.7 ㎝】

六朝青白玉仿周仰首翹尾鳳鳥紋玉帶板

　　由青白玉雕成的玉帶板，其上以淺浮雕刻飾了一仰首翹尾鳳鳥，其餘的空間飾雲氣紋，整個型態是以仿周紋飾來呈現。全器有黃土沁與雞骨白現象。

【長 5.5 ㎝／寬 4.1 ㎝／厚 0.7 ㎝】

六朝靑白玉仿周卷龍紋玉帶板

　　由青白玉雕成的玉帶板,其上以淺浮雕刻飾了一卷龍紋,開口俯視。其餘的空間飾雲氣紋,整個型態是以仿周的紋飾來呈現。全器有黃土沁與雞骨白現象。

【長 5.4 ㎝／寬 4.2 ㎝／厚 0.7 ㎝】

六朝靑白玉仿周長鼻獸面紋玉帶板

　　由青白玉雕成的玉帶板,其上以淺浮雕刻飾了一獸面紋,臣字眼、濃眉、長鼻,其餘的空間飾雲氣紋、雲紋,整體形態是以仿周的紋飾來呈現。全器有黃土沁與雞骨白現象。

【長 5.5 ㎝／寬 4.2 ㎝／厚 0.7 ㎝】

六朝靑白玉仿周大獸角獸面紋玉帶板

　　由青白玉雕成的玉帶板,其上以淺浮雕刻飾了一獸面紋,臣字眼、大而尖的獸角、短鼻,其餘的空間飾雲氣紋與雲紋。整體形態是以仿周紋飾來呈現。全器有黃土沁與雞骨白現象。

【長 5.2 ㎝／寬 4.0 ㎝／厚 0.7 ㎝】

六朝青白玉仿周網格獸面紋玉帶板

　　由青白玉雕成的玉帶板，其上以淺浮雕刻飾了一獸面紋，臣字眼、天文網格紋於眉心，其餘的空間飾雲氣紋與雲紋。整體型態是以仿周紋飾來呈現。全器有黃土沁與雞骨白現象。

【長 5.5 cm／寬 4.2 cm／厚 0.7 cm】

六朝青白玉仿周鳳紋玉帶板

　　由青白玉雕成的玉帶板，其上以淺浮雕刻飾了一張嘴鳳鳥，臣字眼。其餘的空間飾雲氣紋與雲紋。整體形態是以仿周紋飾來呈現。全器有黃土沁與雞骨白現象。

【長 5.4 cm／寬 4.3 cm／厚 0.7 cm】

六朝青白玉持琵琶演奏飛天紋玉帶板

　　由青白玉雕成的玉帶板，其上以淺浮雕刻飾了一飛天，面貌秀美，頭上有 3 個圓珠形髮髻。身穿寬鬆長裙，身披天衣，隨風飄逸。雙手持琵琶正在演奏。其餘的空間飾有茱萸紋。全器有黃土沁與雞骨白現象。（一組玉帶板、九片玉帶片、一鉤首、一鉤環，共 11 片，都是六朝風格的飛天，可作斷代的依據）

【長 5.2 ㎝／寬 3.7 ㎝／厚 0.5 ㎝】

六朝青白玉獻寶飛天紋玉帶板

　　由青白玉雕成的玉帶板，其上以淺浮雕刻飾了一飛天，面貌秀雅，頭上一髮髻。上身裸露，下身穿束腰寬鬆長裙，身披天衣，隨風飄逸。雙手持捧一獻寶之物。其餘的空間飾有茱萸紋。全器有黃土沁與局部雞骨白現象。

【長 5.2 ㎝／寬 3.7 ㎝／厚 0.5 ㎝】

六朝青白玉飛天紋玉帶板

　　由青白玉雕成的玉帶板，其上以淺浮雕刻飾了一飛天，面貌清秀，頭上一圓形髮髻。上身裸露，下身穿束腰寬鬆長裙，身披天衣，隨風飄逸，其餘的空間飾有茱萸紋。全器有黃土沁與雞骨白現象。

【長 5.1 ㎝／寬 3.6 ㎝／厚 0.5 ㎝】

六朝青白玉飛天持仙桃紋玉帶板

　　由青白玉雕成的玉帶板，其上以淺浮雕刻飾了一飛天，相貌秀雅，頭上一圓形髮髻。上身裸露，下身穿束腰寬鬆長裙，身披天衣，隨風飄逸。右手持一仙桃。其餘的空間飾有茱萸紋。全器有黃土沁。

【長 5.2 ㎝／寬 3.6 ㎝／厚 0.5 ㎝】

六朝青白玉飛天吹笙紋玉帶板

　　由青白玉雕成的玉帶板，其上以淺浮雕刻飾了一飛天，相貌清秀，頭上一圓形髮髻。上身裸露，下身穿束腰寬鬆長裙，身披天衣，隨風飄逸。兩手持一笙，正在吹奏。其餘的空間飾有茱萸紋。全器有黃土沁與雞骨白現象。

【長 5.2 ㎝／寬 3.7 ㎝／厚 0.5 ㎝】

六朝青白玉飛天紋玉帶板

　　由青白玉雕成的玉帶板，其上以淺浮雕刻飾了一飛天，面貌秀雅，頭上戴三葉形髻。上身裸露，下身穿束腰寬鬆長裙，身披天衣，隨風飄逸。其餘的空間飾有茱萸紋，全器有褐色土沁。

【 長 5.1 cm ╱ 寬 3.7 cm ╱ 厚 0.4 cm

六朝青白玉飛天紋玉帶板

　　由青白玉雕成的玉帶板，其上以淺浮雕刻飾了一飛天，面貌清秀，頭上戴一髮髻。上身裸露，下身穿寬鬆長裙，身披天衣，隨風飄盪。其餘的空間飾有茱萸紋。全器有土沁與雞骨白現象。

【 長 5.1 cm ╱ 寬 3.6 cm ╱ 厚 0.5 cm

六朝青白玉飛天星星紋玉帶板

　　由青白玉雕成的玉帶板，其上以淺浮雕刻飾了一飛天，面貌秀雅，頭上一髮髻，穿寬鬆衣裙，隨風飄逸，由天而降，其餘的空間飾有星星與茱萸紋。全器有黃土沁與雞骨白現象。

【長 5.2 ㎝／寬 3.7 ㎝／厚 0.5 ㎝】

六朝青白玉飛天演奏胡琴紋玉帶板

　　由青白玉雕成的玉帶板，其上以淺浮雕刻飾了一飛天，面貌清秀，頭上一髮髻，身穿寬鬆衣裙，隨風飄盪。兩手持一胡琴，正在演奏。其餘的空間飾有茱萸紋。全器有黃土沁與雞骨白現象。

【長 5.2 ㎝／寬 3.7 ㎝／厚 0.5 ㎝】

六朝青白玉獻寶飛天紋玉帶鈎環

　　由青白玉雕成的玉帶鈎環，其上以淺浮雕刻飾了一飛天，面貌秀雅，頭上一髮髻，穿束腰寬鬆衣裳，身披天衣，隨風飄逸。其餘的空間飾有茱萸紋。全器有黃土沁。

【長 6.7 cm／寬 3.6 cm／厚 0.8 cm】

六朝青白玉持摩尼珠飛天紋玉帶鈎首

　　由青白玉雕成的玉帶鈎首，其上以淺浮雕刻飾了一飛天，面貌秀雅，頭上一圓形髮髻。上身裸露，穿束腰寬鬆長裙，身披天衣，隨風飄逸。右手持一摩尼珠。鈎處飾有獸面紋。其餘的空間飾有茱萸紋。全器有黃土沁與局部雞骨白現象。

【長 7.4 cm／寬 3.7 cm／厚 0.9 cm】

白玉胡人騎馬射箭玉雕

用白玉刻成的胡人，髡髮。坐於馬背上，斗篷後飛，張弓騎射。飛馬踏於雲上，而以雲的形狀，作為整件玉雕之基座。馬的額上鬃毛與馬尾向後飛逸的樣子，表現出馬飛奔於雲上，使得毛髮往後飄逸之狀。全器有白玉紅化現象。

【長 9.5 cm／寬 6.0 cm／厚 3.0 cm】

六朝至隋白玉武士騎馬狩獵紋玉帶鈎環

由白玉雕成的玉帶鈎環，其上以淺浮雕刻飾了一鮮卑武士，身穿束腰長褲，頭上後方綁一束長髮，雙腿盤坐在馬背上，右手高舉飛舞著，似乎在敦促馬兒快速奔馳。長方形鏤空鈎環，無紋飾。其餘的空間飾有雲氣紋與雲紋。全器有黃土沁與褐黑色沉積物。

【長 7.0 cm／寬 4.0 cm／厚 0.8 cm】

六朝至隋白玉武士騎馬狩獵紋玉帶鈎首

由白玉雕成的玉帶鈎首，其上以淺浮雕刻飾了一鮮卑族武士，身穿束腰長褲，雲紋耳，頭上後方綁了一束長髮，雙腿盤坐在馬背上。右手碰觸馬頸，似乎在敦促馬兒快速奔馳。鈎處飾有獸面紋。其餘的空間飾有雲氣紋與雲紋。全器有黃土沁與褐黑色的沉積物。

【長 7.5 cm／寬 4.0 cm／厚 0.8 cm】

六朝至隋白玉武士騎馬持長槍狩獵紋玉帶板

　　由白玉雕成的玉帶板，其上以淺浮雕刻飾了一鮮卑武士，身穿束腰長褲。頭上後方綁了一束長髮，騎在奔馳的馬背上。雙手持一長槍，向後方刺去。全器有黃土沁與褐黑色的沉積物。

【 長 4.7 cm ／ 寬 3.9 cm ／ 厚 0.7 cm 】

六朝至隋白玉武士騎馬持長槍狩獵紋玉帶板

　　由白玉雕成的玉帶板，其上以淺浮雕刻飾了一鮮卑武士，身穿束腰長褲，頭上後方綁了一束長髮，騎在奔馳的馬背上，雙手持一長槍，向右前方刺去。其餘的空間飾有雲氣紋。全器有黃土沁與褐黑色沉積物。

【 長 5.7 cm ／ 寬 4.0 cm ／ 厚 0.7 cm 】

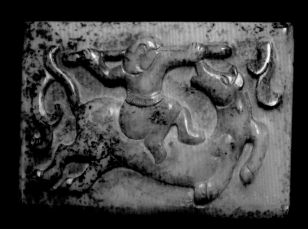

六朝至隋白玉武士騎馬持長棍狩獵紋玉帶板

　　由白玉雕成的玉帶板，其上以淺浮雕刻飾了一鮮卑武士，雲紋耳，身穿束腰長褲，騎在奔馳的馬背上，雙手持一長棍，舉在雙肩之上，正在尋找狩獵目標，其餘的空間飾有雲氣紋。全器有黃土沁與深褐色沉積物。

【 長 5.7 cm ／ 寬 4.0 cm ／ 厚 0.6 cm 】

六朝至隋白玉武士騎馬持短劍打仗紋玉帶板

由白玉雕成的玉帶板，其上以淺浮雕刻飾了一鮮卑武士，雲紋耳，身穿束腰長褲，騎在奔馳的馬背上，雙手各持一短劍，一副打仗的模樣。全器有黃土沁。

【長 5.7 cm／寬 3.9 cm／厚 0.8 cm】

六朝至隋白玉武士騎馬持短劍打仗紋玉帶板

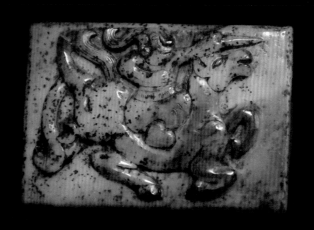

由白玉雕成的玉帶板，其上以淺浮雕刻飾了一鮮卑武士，雲紋耳，頭上後方綁了一束長髮，騎在馬背上，左手持一短劍，一副打仗的模樣。全器有黃土沁與深褐色沉積物。

【長 5.6 cm／寬 3.9 cm／厚 0.8 cm】

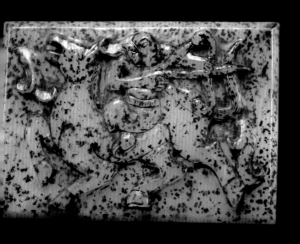

六朝至隋白玉武士騎馬射箭作戰紋玉帶板

由白玉雕成的玉帶板其上以淺浮雕刻飾了一鮮卑武士，雲紋耳，頭上後方綁了一束長髮，騎在馬背上，身穿束腰長褲，兩手拉開弓箭作戰。其餘的空間飾有雲氣紋。全器有黃土沁與褐黑色沉積物。

【長 5.7 cm／寬 3.9 cm／厚 0.7 cm】

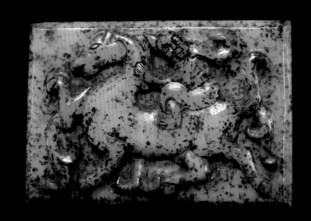

六朝至隋白玉武士騎馬紋玉帶板

　　由白玉雕成的玉帶板，其上以浮浮雕刻飾了一鮮卑武士，頭上後方綁了一束長髮，身穿束腰長褲，騎在馬背上。其餘的空間飾有雲氣紋。全器有黃土沁與褐黑色沉積物。

【長 5.7 cm ／ 寬 3.9 cm ／ 厚 0.7 cm】

六朝至隋白玉武士騎馬紋玉帶板

　　由白玉雕成的玉帶板，其上以淺浮雕刻飾了一鮮卑武士，雲紋耳，頭上後方綁了一束長髮，身穿束腰長褲，騎在馬背上，其餘的空間飾有雲氣紋。全器有黃土沁與褐黑色沉積物。

【長 5.7 cm ／ 寬 4.0 cm ／ 厚 0.7 cm】

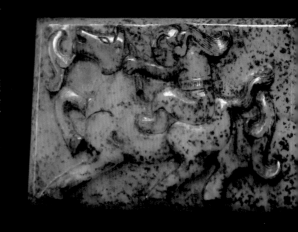

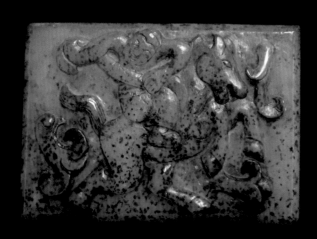

六朝至隋白玉武士騎馬持金鉤紋玉帶板

　　由白玉雕成的玉帶板，其上以淺浮雕刻飾了一鮮卑武士，身穿束腰長褲，騎在馬背上，回轉身體，雙手持金鉤，其餘的空間飾有雲氣紋。全器有黃土沁與褐黑色沉積物。

【長 5.7 cm ／ 寬 3.9 cm ／ 厚 0.7 cm】

第肆章・六朝時漢風格玉雕件

二組玉帶板把重覆紋飾刪除，只留一鈎首、一鈎環、十五玉帶板。這些帶有漢文化內容的西王母與虎與燮鳥的母題，且雕工以程鑽打點後再雕雲紋轉折，也是漢玉雕工。但整個坑口十幾組帶板都是六朝，此帶板只是保留漢文化的六朝玉帶板。

另五件同坑口的手鐲，同為雲紋滿雕，伴有三圖騰的玉鐲。以上身向前身體轉折腳朝上的飛天舞姿，是六朝特有的飛天，而雲紋雕工精緻程度可比擬漢玉。佛陀施法像肉髻與隋唐後的佛陀像都不同，所以斷代為六朝文物。

六朝白玉西王母與老虎紋龍首玉帶鉤首

　　由白玉雕成的玉帶鉤首，其上以淺浮雕刻飾了一西王母，面容慈善，頭戴一冠，身穿左襟右衽，喇叭袖上衣。下身以蛇紋來表現。旁邊一張口直立老虎。其餘空間飾雲氣紋。鉤處飾龍首紋。全器有黃土沁與雞骨白現象。

【長 8.9 ㎝ ／ 寬 4.9 ㎝ ／ 厚 0.6 ㎝】

六朝白玉雙虎紋龍首玉帶鉤環

　　由白玉雕成的玉帶鉤環，其上以淺浮雕刻飾了一隻坐姿大虎，張口露牙，其右方一坐姿小虎，回轉虎頭與大虎相對而視。其餘空間飾雲氣紋。鉤環上無紋飾。全器有土沁與雞骨白現象。

【長 8.7 ㎝ ／ 寬 4.7 ㎝ ／ 厚 0.6 ㎝】

六朝白玉胡人與瑞獸紋玉帶板

由白玉雕成的玉帶板，其上以淺浮雕刻飾了一胡人與一瑞獸，相對而視。其餘的空間飾有雲紋與雲氣紋。全器有黃土沁與因地熱而致的雞骨白現象。

【長 6.4 ㎝／寬 4.9 ㎝／厚 0.6 ㎝】

六朝白玉胡人與老虎紋玉帶板

由白玉雕成的玉帶板，其上以淺浮雕刻飾了一胡人與一老虎，相對而視。其餘的空間飾有雲氣紋。全器有黃土沁與因地熱而致的雞骨白現象。

【長 6.6 ㎝／寬 4.9 ㎝／厚 0.6 ㎝】

六朝白玉胡人武士持長槍獵老虎紋玉帶板

由白玉雕成的玉帶板，其上以淺浮雕刻飾了一胡人（羌人）持長槍準備獵殺老虎的一個畫面。其餘的空間飾有雲氣紋。全器有黃土沁與因地熱而致的雞骨白現象。

【長 6.4 ㎝／寬 4.9 ㎝／厚 0.6 ㎝】

六朝白玉胡人武士獵鳳鳥紋玉帶板

　　由白玉雕成的玉帶板，其上以淺浮雕刻飾了一胡人，長長的頭髮，身穿束腰衣裳，下身穿中長褲。手持一長槍，準備獵殺一鳳鳥。其餘的空間飾有雲氣紋。全器有黃土沁與因地熱而致的雞骨白現象。

【長 6.4 ㎝／寬 5.0 ㎝／厚 0.6 ㎝】

六朝白玉奔鹿與穿雲虎紋玉帶板

　　由白玉雕成的玉帶板，其上以淺浮雕刻飾了一奔鹿，身上有米字紋，另有一穿雲虎在其下方。其餘的空間飾有雲氣紋。全器有黃土沁與因地熱而致的雞骨白現象。

【長 6.4 ㎝／寬 4.9 ㎝／厚 0.6 ㎝】

六朝白玉胡人戲虎紋玉帶板

由白玉雕成的玉帶板，其上以淺浮雕刻飾了一胡人正戲弄一開口露牙的老虎。其餘的空間飾有雲氣紋。全器有黃土沁與因地熱而致的雞骨白現象。

【長 6.4 ㎝ ／ 寬 4.9 ㎝ ／ 厚 0.5 ㎝】

朝白玉胡人戲虎紋玉帶板

由白玉雕成的玉帶板，其上以浮雕刻飾了一胡人騎在一飛奔的鹿，鹿身上有米字紋。其餘的空間飾雲氣紋。全器有黃土沁與雞骨白現。

【長 6.4 ㎝ ／ 寬 4.9 ㎝ ／ 厚 0.6 ㎝】

六朝白玉胡人持球戲虎紋玉帶板

由白玉雕成的玉帶板，其上以淺浮雕刻飾了一胡人，著束身服裝，右手持一球，正在戲弄一翻滾的老虎。其餘的空間飾有雲氣紋。全器有黃土沁與雞骨白現象。

【長 6.3 ㎝ ／ 寬 5.0 ㎝ ／ 厚 0.5 ㎝】

六朝白玉胡人吹簫戲虎紋玉帶板

　　由白玉雕成的玉帶板，其上以淺浮雕刻飾了一胡人，雙手持簫，正在吹奏，戲弄相對而視的老虎，其餘的空間飾有雲氣紋。全器有黃土沁。

【長 6.5 cm／寬 4.9 cm／厚 0.6 cm

六朝白玉胡人騎虎紋玉帶板

　　由白玉雕成的玉帶板，其上以淺浮雕刻飾了一胡人，騎在一回首望人、張口、露的老虎身上，胡人得意的大張雙手。其餘的空間飾有雲氣紋。全器有黃土沁與雞骨白象。

【長 6.4 cm／寬 4.8 cm／厚 0.5 cm

六朝白玉玄武紋玉帶板

由白玉雕成的玉帶板，其上以淺浮雕刻飾了一龜一蛇，龜在左，往前爬行，猛一回首。蛇追隨在後，兩者相對而視。其餘的空間，飾有雲氣紋。全器有黃土沁與雞骨白現象。

【長 6.3 ㎝／寬 4.7 ㎝／厚 0.6 ㎝】

六朝白玉熊與老虎紋玉帶板

由白玉雕成的玉帶板，其上以淺浮雕刻飾了一熊一虎，熊面朝左，虎面朝下。在當下，兩者之間似乎沒有交集。其餘的空間，飾有雲氣紋。全器有黃土沁與雞骨白現象。

【長 6.5 ㎝／寬 4.7 ㎝／厚 0.6 ㎝】

六朝白玉西王母與鹿紋玉帶板

由白玉雕成的玉帶板，其上以淺浮雕刻飾了西王母，面容慈善，頭戴一帽，身穿喇叭袖衣裳。其右一鹿，轉頭張望。其餘的空間，飾有雲氣紋。全器有黃土沁與雞骨白現象。

【長 6.4 ㎝／寬 4.7 ㎝／厚 0.7 ㎝】

六朝白玉雙虎紋玉帶板

　　由白玉雕成的玉帶板，其上以淺浮雕刻飾了一大虎與一小虎，身上皆有虎紋。二虎相對而視，似在嬉戲。其餘的空間飾有雲氣紋。全器有黃土沁與局部灰黑色沁以及雞骨白現象。

【長 6.5 ㎝／寬 4.9 ㎝／厚 0.5 ㎝】

六朝白玉靜態雙虎紋玉帶板

　　由白玉雕成的玉帶板，其上以淺浮雕刻飾了一大虎與一小虎，皆坐在地上，面視前方。其餘的空間飾有雲氣紋。全器有黃土沁與雞骨白現象。

【長 6.7 ㎝／寬 4.7 ㎝／厚 0.5 ㎝】

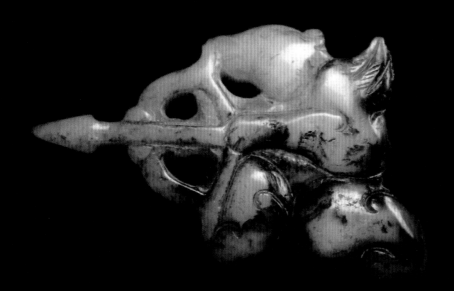

六朝青白玉鳥獲射箭紋雕像

　　由青白玉刻飾而成的立姿鳥獲，雙前肢拉開弓箭，準備射向目標。全器有黃土沁與黑水銀沁。鳥獲長有獸頭、人身、獸足，身上有羽翼，是神話中的力士。

【長 5.3 cm／寬 4.0 cm／厚 1.2 cm】

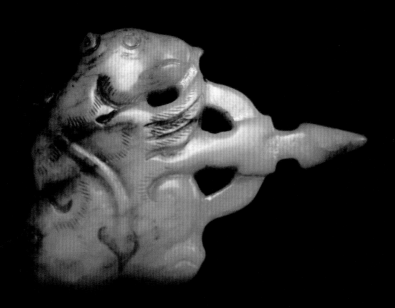

六朝白玉鳥獲射箭紋雕像

　　由白玉雕飾而成的立姿鳥獲，雙前肢拉開弓箭，準備射向目標。全器有黃土沁與黑水銀沁。鳥獲長有獸頭、人身、獸足，身上有羽翼，是神話中的力士。

【長 5.7 cm／寬 4.2 cm／厚 1.0 cm】

六朝白玉三飛天紋手鐲

　　白玉手鐲，外緣以淺浮雕的方式構圖相同的三飛天，面容秀雅，頭帶髮髻，身披衣，從天而降，飄然自在。其餘的空間飾有雲紋。全器有明顯土沁。

【外圍 8.0 ㎝ / 內圍 6.0 ㎝ / 厚 1.7 ㎝

【外圍 7.6 ㎝／內圍 5.8 ㎝／厚 1.4 ㎝】

六朝白玉三飛天紋手鐲

　　白玉手鐲，外緣以淺浮雕的方式飾虎紋。飾在三個等距的位置，其餘的空間以陰刻
布滿連雲紋。全器有明顯土沁。

【外圍 7.6 ㎝／內圍 5.8 ㎝／厚 1.4 ㎝】

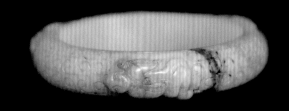

六朝白玉三佛陀跪坐紋手鐲

　　白玉手鐲，外緣以淺浮雕的方式，在三個等距的位置，刻飾三尊佛陀跪坐像。佛陀頭上肉髻，身穿寬袖左襟右衽袈裟。其餘的空間飾滿連雲紋。全器有明顯土沁。

【外圍 7.6 cm ／ 內圍 5.8 cm ／ 厚 1.4 cm】

六朝白玉三龍首紋手鐲

　　白玉手鐲，外緣以淺浮雕的方式，在三個等距的位置，飾三龍首紋。其餘的空間，滿佈連雲紋。全器有明顯的土沁。

【外圍 7.8 cm ／ 內圍 6.0 cm ／ 厚 1.7 cm】

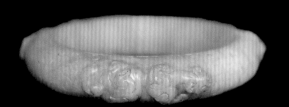

六朝白玉三穿璧螭龍紋手鐲

　　白玉手鐲，外緣以淺浮雕的方式在三個等距的位置，飾三隻穿璧螭龍紋。其餘的空間滿佈連雲紋。全器有明顯的土沁。

【外圍 7.6 cm ／ 內圍 5.7 cm ／ 厚 1.4 cm】

六朝白玉胡人吹笛戲雙螭龍紋璧

　　白玉手鐲，外緣以淺浮雕的方式飾虎紋。飾在三個等距的位置，其餘的空間以陰刻佈滿連雲紋。全器有明顯土沁。

【長 7.4 ㎝ ／ 寬 6.3 ㎝ ／ 厚 1.0 ㎝】

六朝白玉胡人吹笛戲雙螭龍紋璧（反面）

　　用白玉以深浮雕正面刻飾一胡人，雙手持笛正在吹奏，戲弄雙螭龍，反面飾穀紋。全器有黃土沁與石灰水沁。

【長 7.4 ㎝ ／ 寬 6.3 ㎝ ／ 厚 1.0 ㎝】

六朝白玉螭龍鳳鳥紋璧

　　用白玉以深浮雕刻出一玉璧，正面飾一螭龍與一鳳鳥，一上一下，十分靈動。玉璧的背面，又分內外兩層璧。外壁飾有扭絲紋，內壁飾太極紋。全器有黃土沁與雞骨白現象。

【長 6.0 ㎝／寬 5.5 ㎝／厚 0.6 ㎝】

六朝白玉螭龍鳳鳥紋璧（反面）

　　用白玉以深浮雕刻出一玉璧，正面飾一螭龍與一鳳鳥，一上一下，十分靈動。玉璧的背面，又分內外兩層璧。外壁飾有扭絲紋，內壁飾太極紋。全器有黃土沁與雞骨白現象。

【長 6.0 ㎝／寬 5.5 ㎝／厚 0.6 ㎝】

六朝白玉虎鳳紋雞心珮

　　由白玉以鏤空深浮雕方式刻出一雞心珮，正面的上方飾一張口露牙的老虎，下方飾一鳳鳥。玉珮的另一面只飾鳳鳥，其上有陰刻雲紋。全器有黃土沁與雞骨白現象。

【長 6.6 ㎝ ／ 寬 3.9 ㎝ ／ 厚 1.2 ㎝】

六朝白玉虎鳳紋雞心珮（反面）

　　由白玉以鏤空深浮雕方式刻出一雞心珮，正面的上方飾一張口露牙的老虎，下方飾一鳳鳥。玉珮的另一面只飾鳳鳥，其上有陰刻雲紋。全器有黃土沁與雞骨白現象。

【長 6.6 ㎝ ／ 寬 3.9 ㎝ ／ 厚 1.2 ㎝】

六朝白玉鏤空舞女雲紋環

　　用白玉以鏤空方式刻出一環，正面環內飾一舞女，面容清秀，身穿左襟右衽寬袖衣裳，正翩翩起舞。環上飾卷雲紋。背面環上亦飾一圈卷雲紋，與東南西北四塊天文網格紋。全器有黃土沁與雞骨白現象。

【長 6.8 ㎝／寬 6.8 ㎝／厚 0.8 ㎝】

六朝白玉鏤空舞女雲紋環（反面）

　　用白玉以鏤空方式刻出一環，正面環內飾一舞女，面容清秀，身穿左襟右衽寬袖衣裳，正翩翩起舞。環上飾卷雲紋。背面環上亦飾一圈卷雲紋，與東南西北四塊天文網格紋。全器有黃土沁與雞骨白現象。

【長 6.8 ㎝／寬 6.8 ㎝／厚 0.8 ㎝】

第伍章・六朝佛教火焰
紋飾玉雕件

此坑口六十幾件青玉雕像中斷代依據：

一、佛陀髮髻雕紋，圓領通袍，曹衣出水衣服雕工。

二、鎮墓獸，為六朝至唐的產物。

三、六朝風格的武將雕像。

四、著深衣六朝風格舞女。

五、戴籠冠蓄鬚的北方貴族玉雕，為隋前風格。

六、佛首短劍，佛首髮髻六朝獨有，劍身火焰雕紋亦是六朝氣的表現方式。

七、十二生肖玉印，全身佈滿火焰紋亦是六朝特徵。

六朝青玉佛陀雕像紐印

　　以青玉雕飾而成的印，在立方體上刻一佛陀像，法相通北魏佛陀像，似笑非笑。髮髻髮紋與北魏武平年間的相同。身穿圓領大袖寬鬆通袍。立方體的上部，有一小斜坡，每一斜坡，以陰刻的方式飾有回紋。印體的四個邊，每邊陰刻有二十四個鮮卑文字。印紋凸雕刻了四個鮮卑文字。全器有土沁。（大袍以北齊曹仲達曹衣出水技法，以陰刻線紋來表達衣服褶紋，如出水後之薄紗）

【全高 17.5 cm／印寬 9.0*9.0 cm】

六朝青玉佛陀像紐印

　　以青玉雕飾而成的印，在立方體上，刻一佛陀像，法相通北魏佛陀像，似笑非笑。髮髻與髮紋與北魏武平年間的相同。身穿寬鬆通袍。立方體上有小斜坡，每一斜坡，以陰刻方式，飾有回紋。印體的四個邊，每邊刻有鮮卑文字。印紋以凸雕刻了幾個鮮卑文字。全器有土沁。

【全高 15.0 ㎝ ╱ 印寬 9.3*8.8 ㎝】

六朝青玉黃帝坐椅像印紐與圓印

　　以青玉雕飾而成的圓印，在圓形柱體上，刻飾黃帝端坐在椅上，面容肅穆，嘴上有短髯，下巴有長髯。雙手置於雙腿上。圓形柱體印體上方，有一弧形小斜坡，飾有陰刻回紋。圍繞圓形印體，以陰刻方式刻滿了鮮卑文字。印紋以凸雕刻了四個鮮卑文字。

　　按照魏書的說法，鮮卑人的祖先是黃帝的少子昌意，被封在鮮卑山這個地方，所以稱此族爲鮮卑人。本器有明顯土沁。晉‧黃甫謐《帝王世紀》：力牧、常先、大鴻、神農，皇直封鉅人、鎮大山、稽鬼、與區、封胡、孔甲等，或以爲師，或以爲將，分掌四方，各如己視，故號曰黃帝四目。圓印，日月四目四字。

【全高 15.5 ㎝ ╱ 印直徑 9.6 ㎝】

六朝青玉鎮墓獸印

　　由青玉雕刻而成的玉印，在方形體上刻飾了一鎮墓獸，人面，頭上有犀牛角，耳
飾以雲紋。獅身，其上陰刻火焰紋。印文以凸雕刻鮮卑文字。全器土沁明顯。

【全高 12.0 ㎝／印寬 9.8*10.5 ㎝】

六朝青玉戴風帽持劍武將雕像

　　由青玉雕成的直立武將，面貌嚴肅，站在一座子上，頭戴風帽，身穿有斜格紋護肩
與護臂的戰袍。雙手握住一把長劍的手把。全器有土沁。

【高 23.0 ㎝／寬 8.5 ㎝／厚 7.0 ㎝】

六朝青玉武士頭雕像紐印

　　由青玉雕成的玉印在方形體上，刻飾了一武士的頭雕，頭戴尖形帽，面相以簡單抽象的線條來表現。相當富有創意。方柱形印體上有一小斜坡，每一個斜坡飾有陰刻上下倒置的九個三角形（上四下五），三角形內，刻了數條平行紋。立方體上，每邊皆陰刻有鮮卑文字。印文以凸雕刻了四個鮮卑文字。全器有黃土沁。

【全高 14.5 ㎝／印寬 9.2*9.4 ㎝】

六朝青玉穿深衣舞女雕像

　　由青玉雕成的舞女雕像，面□
笑容，頭戴一頂尖形高帽。身穿左□
右衽深衣。跪坐在自己雙腳上，且□
轉著身子。體形略為豐滿，看不出□
腰。雙手手臂各自成圓形，插在兩□
的腰身上，肢體動作相當誇張，此□
北魏時期所特有的雕刻風格。

【高 21.5 cm／寬 16.0 cm／厚 4.8 cm

六朝青玉戴籠冠文官直立雕像

　　由青玉雕成的一直立文官雕像□
面容文雅嚴肅，頭戴籠冠。身穿左□
右衽寬袖大袍的漢服。兩手置於□
前，似在拱手作揖的模樣。全器有□
沁。

【高 24.0 cm／寬 8.0 cm／厚 7.0 cm

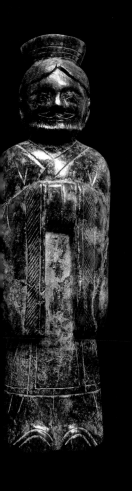

六朝青玉蓄鬍子文官直立雕像

　　用青玉雕成的一直立文官雕像，面容文雅，右眼張左眼閉。下巴留有修飾整齊的大把鬍子。頭戴籠冠，身穿左襟右衽大袍的漢服。兩手置於胸前，似在拱手作揖。全器有土沁。

【高 24.2 ㎝ ／ 寬 7.5 ㎝ ／ 厚 5.6 ㎝】

六朝青玉穿短襖貴婦人雕像

　　由青玉雕成一貴婦人雕像，面相雍容福泰，頭上一山形髮髻。身穿寬袖短襖服裝。兩手置於胸前，拱手作揖，一副貴婦人模樣。全器有土沁。

【高 18.0 ㎝ ／ 寬 5.7 ㎝ ／ 厚 5.4 ㎝】

六朝玉質不辨靈奴雕像

　　由玉（無法辨識原來玉質）雕成的一靈奴雕像，頭上一山形髮髻，身穿寬袖華服兩手置於胸前，拱手作揖。底座刻有小篆「酉弄戕眉靈奴 xx」等八字。全器有土沁、灰水沁與水銀點沁。

【高 25.0 ㎝／寬 7.0 ㎝／厚 6.5 ㎝】

六朝青玉佛陀頭部雕像爲劍首之短劍

　　用青玉雕成的短劍，劍首刻飾了佛首的頭部，劍身飾滿火焰紋。由佛陀髮髻形式劍身的火焰紋，卽可將此劍的年代歸在六朝時期。

【長 39.0 ㎝／寬 7.0 ㎝／厚 3.0 ㎝】

第陸章・六朝白玉飛天雕像

此坑十二件六朝飛天舞女玉雕斷代依據（全部都有白色斑點，飯糝的紋理質變是和田水料的老件特色。）

一、飛天並無雲紋陪襯，是唐前飛天特色。

二、玉雕在氣的表現是六朝的氣，奔放無內收，與戰漢氣的表現完全不同。

三、活潑生動的舞姿，已是戰漢後的玉雕。

四、舞女髮式，活潑動感。

五、舞女服裝窄袖，而喇叭袖口都是六朝特色。

六朝白玉飛天雕像

　　由白玉雕成的飛天，身著左襟右衽深衣，整個造型是以北朝對氣的表現方法，卽氣往上飄，來雕刻此人物。與漢朝的氣（用雲紋來表示）。與唐朝的飛天，以卷雲紋支撐著（註1）。各個朝代，各有不同的表現方式。全器有糯米沁。

【高 8.0 cm／寬 4.5 cm／厚 2.2 cm】

（註1）請參考《唐代玉雕綜論》一書第 109 頁、第 110 頁及第 112 頁。

六朝白玉前瀏海後束髮舞女雕像

　　由白玉雕成的舞女，身著左襟右衽深衣，喇叭袖帶有流暢的北朝風格，又稱流袖。前瀏海後束髮，兩手上下揮擺，正在翩翩起舞。全器有明顯的糯米沁。

【高 8.3 cm／寬 4.0 cm／厚 2.1 cm】

六朝白玉雙鬟髻舞女雕像

　　用白玉雕成的舞女，身著左襟右衽深衣，喇叭袖。頭上留有雙鬟髻，此爲北朝流行的髮髻。雙手交叉在腹前擺動，正在翩翩起舞。全器有糯米沁。

【高 8.0 cm／寬 3.6 cm／厚 2.1 cm】

朝白玉金步搖髮式左衽舞女雕像

　　以白玉雕成的胡人舞女，身著右襟左衽深衣，喇叭袖，頭上留金步搖髮式，此種髮
□行於漢末或六朝初期。雙手在身體的右方上下擺動，正在翩翩起舞，婀娜多姿。全
□有明顯糯米沁（註2）。

【高 8.2 ／寬 4.0 ㎝ ／厚 2.0 ㎝】

□2）「金步搖」一詞出自河西魏晉十六國壁畫研究，孫彥 著／第236頁）《後漢書・烏桓
　　載：烏桓（即鮮卑）髮式的特點是男女以髡頭為輕便。婦人至嫁時以養髮分為髻，著句決，
　□金碧，猶中國有簂步搖。（句決，漢代烏桓婦女的首飾，有簂步搖，有簂即中國假髮。髻，
　□為頭上髮髻，各種形式，因行走而搖動，髮簪上的飾物，稱為步搖。

六朝白玉金步搖髮式右衽舞女雕像

用白玉雕成的舞女，身著左右衽深衣，喇叭袖。頭上留金步搖髮式，此種髮式流行於漢末或六朝期。雙手在身體的左方擺動，正在翩翩起舞，婀娜多姿。全器有明顯糯沁。

【高 8.0 / 寬 4.0 cm / 厚 2.6 cm】

六朝白玉留著似「不聊生髻」舞女雕像

由白玉雕成的舞女，身穿左襟右衽上衣，喇叭袖，下身穿長褲。頭上留著似「不聊生髻」。全器有明顯糯米沁。

【高 8.2 cm / 寬 4.4 cm / 厚 1.2 cm】

六朝白玉金步搖髮髻舞女雕像

以白玉雕成的舞女，身穿左右衽深衣，喇叭袖，頭上留著金步搖髮式，雙手在身體的前方上下擺動，正在翩翩起舞，婀娜多姿。全器有明顯糯米沁。

【高 8.3 cm / 寬 4.1 cm / 厚 2.2 cm】

六朝白玉前後共雙面神雕像

用白玉雕成的神像，前有一面容，後亦有一面容。身著左襟右衽衣裳。雙手交置於腹前。全器有明顯糯米沁。

【高 8.2 cm／寬 4.0 cm／厚 1.9 cm】

六朝青白玉連身雙神像

由青白玉雕成的連身雙神像，雙神比肩而立，最下方裙擺的部位，相連結。二神皆身著左襟右衽的服裝。其上飾有卷雲紋。雙手相觸於腹前。全器有土沁與雞骨白現象。

【高 6.6 cm／寬 4.4 cm／厚 1.2 cm】

六朝白玉雙鬟緩鬢髮髻舞女雕像

以白玉雕成的舞女雕像，留有雙鬟緩鬢髮髻，在太元年中，王公貴婦必緩鬢傾髻以為盛事。本舞女雕像左襟右衽，雙手置於腰間。全器有糯米沁。

【高 8.4 cm／寬 4.2 cm／厚 2.3 cm】

六朝白玉舞女雕像

　　用白玉雕成的舞女雕像，身
左襟右衽深衣，喇叭袖。身體扭成
型，正在翩翩起舞，婀娜多姿。全
有明顯糯米沁。

【高 8.0 cm／寬 4.1 cm／厚 2.2 cm

六朝白玉雙面神雕像

　　由白玉雕成的神像，前有一面
容，後亦有一面容。身穿左襟右衽衣
裳。雙手交叉置於腹前。全器有糯米
沁。

【高 7.8 cm／寬 2.8 cm／厚 2.1 cm】

六朝白玉雙面武將雕像

　　由白玉雕成的武將，前有一面容
後亦有一面容，身著軍服，雙手執
槍，置於身前。從頭頂穿一圓孔至腳
此雕像應是佩帶用之翁仲之保護神。全
器有明顯糯米沁。

【高 6.9 cm／寬 2.9 cm／厚 1.7 cm

第柒章・六朝北方宮廷
舞女玉雕件

此坑十二件舞女玉雕：

一、全部都是髡髮舞女。

二、戴角巾，是六朝的時尚。

三、舞袖向外的奔放是六朝氣的表現。

四、生動活潑的舞姿非戰漢時人物雕刻，戰漢人物刻板，身體扭動曲線少。

六朝青黃玉戴角巾舞者雕像

以青黃玉雕成的立姿舞者，面容文雅，髡髮，頭上戴角巾，身穿左襟右衽窄袖錦紋深衣。兩手在身體的一前一後擺動，正在翩翩起舞。全器有老土大紅的沁色。

【長 8.4 ㎝ / 寬 2.4 ㎝ / 厚 1.0 ㎝】

六朝青白玉盤髻髡髮王者雕像（或神像）

由青白玉雕成的立姿王者（或神），面容肅穆，盤髻，髡髮，身穿左襟右衽窄袖錦紋深衣，雙袖的下襬向上揮動，整體看起來，有王者氣度之姿。全器有黃色、褐色及老土大紅之沁色。

【長 8.8 ㎝ / 寬 5.8 ㎝ / 厚 1.2 ㎝】

六朝青玉索頭錦衣舞服舞女雕像

　　以青玉雕成的舞女，索頭（註1），身穿窄袖錦紋深衣舞服，雙手一前一後揮擺，
正在翩翩起舞。全器有老土大紅。

【長 8.5 ㎝／寬 2.8 ㎝／厚 1.4 ㎝】

（註1）古代漢族人民常將拓跋、鮮卑少數民族的辮髮，通稱為「索頭」，其意是和編髮相通。
因為這種辮子都分股編成狀如繩索，故名之。

六朝青黃玉戴冠官員雕像

　　用青黃玉雕成的直立官員，髭髮，戴冠，身穿緊袖，左襟右衽錦紋深衣。全器有黃
白、褐色土沁。

【長 10.6 ㎝／寬 2.4 ㎝／厚 1.3 ㎝】

六朝青黃玉扇髮髟鬈舞女雕像

由青黃玉雕成的舞女，扇髮，髟鬈。身穿緊袖錦紋深衣。兩手上下揮擺，正在翩翩起舞，婀娜多姿。全器有黃色、褐色、紅色諸多沁色。

【長 9.3 cm／寬 3.5 cm／厚 0.8 cm】

六朝青玉盤髻蹲姿舞者雕像

以青玉雕成的舞者，盤髻，身著緊袖，錦紋深衣。兩手上下揮擺著，身子採取蹲姿正在翩翩起舞，婀娜多姿。全器有明顯土沁。

【長 5.5 cm／寬 5.3 cm／厚 1.0 cm】

六朝青黃玉右手執鳳鳥巫師雕像

　　用青黃玉雕成的巫師,索頭,身穿左襟右衽緊袖錦紋深衣。右手執鳳鳥跳巫師舞。鳳鳥爲巫師的法器,能通神。全器有黃色、褐色、灰色等沁色。

【長 6.8 ㎝ / 寬 5.1 ㎝ / 厚 1.0 ㎝】

六朝青玉索頭舞女雕像

　　由青玉雕成的舞女索頭,身穿左襟右衽窄袖錦紋深衣。身子採取蹲姿,正在翩翩起舞,全器有老土大紅沁色。

【長 5.5 ㎝ / 寬 4.7 ㎝ / 厚 1.1 ㎝】

六朝青黃玉索頭髮舞舞女雕像

　　以青黃玉雕成的舞女，索頭，身穿左襟右衽窄袖錦紋深衣。身子採取蹲姿，正在翻髮舞，全器有黃色、褐色、灰色等沁色。

【長 6.2 cm／寬 5.0 cm／厚 1.0 cm

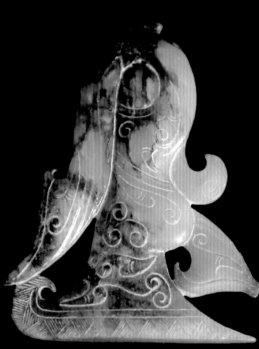

六朝青黃玉戴長冠舞女雕像

　　用青黃玉雕成的舞女，戴長冠，身穿窄袖錦紋深衣，雙手前後上下擺動，正在翻舞起舞。全器有黃色、褐色、灰色等土沁。

【長 6.0 cm／寬 5.0 cm／厚 1.0 cm

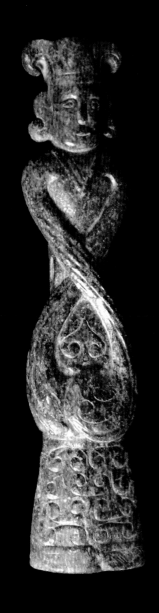 

六朝戴似角巾文人雕像

由青玉雕成的立姿文人，面相斯文，頭上戴著似角巾之飾物。身穿左襟右衽窄袖錦紋深衣，兩手交叉於身前。全器有老土大紅之沁色（註1）。

【長 11.5 cm／寬 2.7 cm／厚 1.3 cm】

（註1）魏晉時這種頭巾，多用於儒生、學士等讀書人，俗稱「折角巾」或稱「林宗巾」，北朝吳均〈贈周散騎與嗣〉詩中即有「唯安萊蕪甑兼慕林宗巾」的說法。（參考《中國傳統服飾制史》第101頁／周汛、高明 著／1988年 出版）

六朝白玉戴羊角帽巫師雕像

　　用白玉雕成的直立巫師，面相蕭穆，白眉，頭上戴羊角帽，身穿披膊，大袍垂髾，左右兩手之拇指與食指豎起相對，置於胸前，作一手勢，似在作法。本器生坑，上有朱砂沁。大袍垂髾，只有六朝至唐所有，大垂髾，爲六朝；小垂髾爲唐朝，故本件斷爲六朝玉雕。

【 長 20.5 ㎝ / 寬 8.5 ㎝ / 厚 5.8 ㎝

第捌章・六朝和田白玉巫與舞玉雕件

此坑二十一件，和田水坑白玉雕像歸納為六朝的斷代依據：

一、人物都是髠髮的民族。

二、衣服夾領，夾領是六朝時服裝。

三、窄袖、袖口喇叭狀是六朝至唐的服裝。

四、戴羊角，髡髮成大耳的巫師為鮮卑、羌族民族。

五、月兔雕成半月形，兔與月代表昌意，代表北魏祖。

六、人物幾乎雕成月形，代表常儀、昌意。

七、朝天髻為六朝常見髮式。

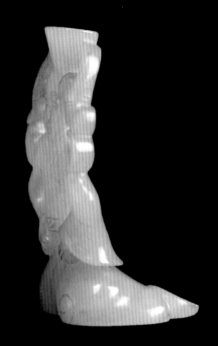

六朝灰白玉髡髮戴冠王者（或酋長）雕像

　　由灰白玉雕成的王者（或酋長），身穿長袍喇叭袖，雙手插腰，採取跪姿。長袍下擺寬闊成底座。整體雕像呈可立之半月形。全器有輕微黃土沁。

【高 6.2 cm／寬 3.6 cm／厚 3.2 cm】

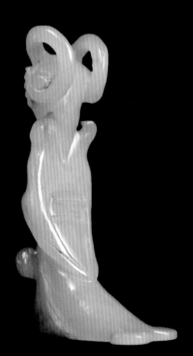

六朝灰白玉頭戴羊角巫師雕像

　　以灰白玉雕成的立姿巫師，面容肅穆，頭戴羊角，雙手執似魚尾的太陰法器，身穿寬袖長袍，披膊，長袍下擺寬闊成底座。整體雕像呈可立之半月形。全器有或多或少的黃土沁。

【高 7.2 cm／寬 3.9 cm／厚 1.7 cm】

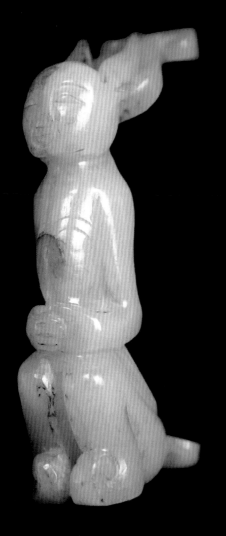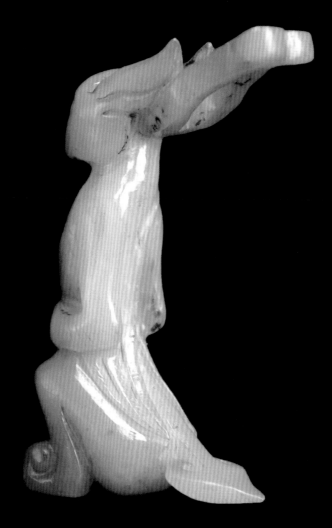

六朝灰白玉人面兔耳巫師雕像

　　用灰白玉雕成的蹲坐姿巫師，人面兔耳，背有雙翼，柿葉紋尾部。整體雕像成半月形。全器有黃土沁。

【高 8.0 ㎝／寬 5.0 ㎝／厚 2.0 ㎝】

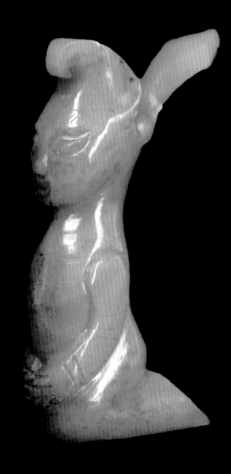

六朝白玉頭戴鳥形冠巫師雕像

　　由白玉雕成的巫師，人面獸耳，頭戴鳥形冠，著長袍，跪姿。整體雕像呈半月形，全器有黃土沁。

【高 7.8 cm／寬 3.8 cm／厚 1.8 cm】

六朝白玉頭飾髡髮成冠形之王者雕像

　　以白玉雕成的立姿王者，面容肅穆，雲紋耳。頭飾髡髮成冠形。身著長袍，喇叭袖。雙手執大圭。整體雕像呈半月形，全器有明顯黃土沁。

【高 7.8 cm／寬 4.6 cm／厚 2.0 cm】

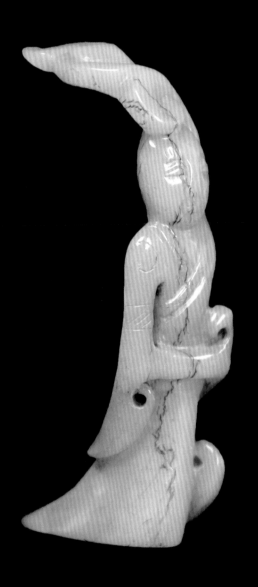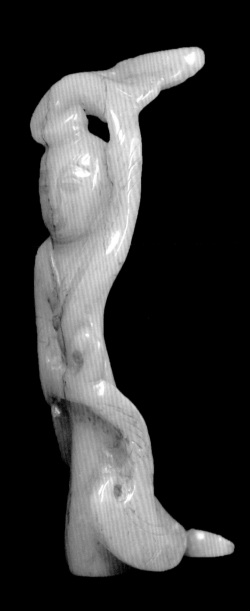

六朝灰白玉右袵長袖巫舞者雕像

　　用灰白玉雕成的立姿巫舞者，髡髮，且垂髮於頭後方。身穿左襟右袵長袍。右手爲寬喇叭袖，左手爲鳥形袖。整體雕像呈半月形，全器有黃土沁。

【高 7.8 ㎝ ／ 寬 3.7 ㎝ ／ 厚 1.8 ㎝】

六朝青白玉披帛梳朝天髻舞者雕像

　　由青白玉雕成的立姿舞者，面容文雅，梳朝天髻，穿著左襟右衽長袍，裙襬寬闊成底座。身上有披帛，整體雕像呈半月形。全器有黃土沁。

【高 8.1 cm／寬 4.0 cm／厚 3.2 cm】

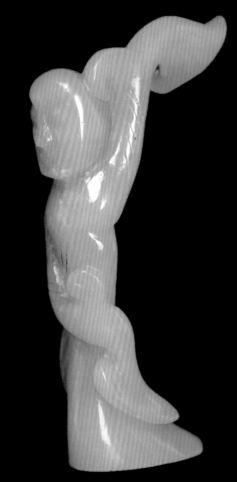

六朝灰白玉頭頂髟髮舞者雕像

　　以灰白玉雕成的立姿舞者，頭頂髟髮且垂髮於頭後方，身穿左襟右衽長袍，左手高舉長袖向後揮動。裙襬寬闊成底座，整體雕像成為可立之半月形。全器有輕微之黃土沁。

【高 7.9 cm／寬 3.0 cm／厚 1.7 cm】

六朝灰白玉巫覡舞者雕像

　　用灰白玉雕成的跪姿巫覡舞者，髡髮於右側，身穿左襟右衽長袍。右手上舉，左手繞於身後，再以鳥袖之形態展現於前方。全器有黃土沁。

【高 8.0 ㎝ / 寬 6.9 ㎝ / 厚 2.0 ㎝】

六朝灰白玉頭戴鳥形冠巫師雕像

　　由灰白玉雕成的立姿巫師，面容肅穆，頭戴鳥形冠，獸耳，背後雙側有鳥翼，身穿左襟右衽長袍，裙襬寬闊成底座與後傾的鳥形冠成半月形。全器有輕微黃土沁。

【高 7.5 ㎝ / 寬 5.1 ㎝ / 厚 1.8 ㎝】

六朝鮮卑巫覡與犬龍雕像

　　由灰白玉雕成的立姿巫覡，髡髮於右側，身穿左襟右衽長袍，其右邊為一降犬龍，昂首，朝著巫覡注視。鮮卑族的圖騰為蒼狼，犬與龍的結合，成為犬龍，本雕像應為此意。全器有黃土沁。

【高 8.2 ㎝ / 寬 6.1 ㎝ / 厚 1.8 ㎝】

六朝灰白玉巫覡持圭祭祀雕像

　　以灰白玉雕成的立姿巫師，面相蕭穆，身穿右襟左衽喇叭袖長袍，持大圭祭祀，圭上有魏晉南北朝時人們喜好之茱萸紋飾。全器有明顯的黃土沁。

【高 8.2 ㎝／寬 6.8 ㎝／厚 1.5 ㎝】

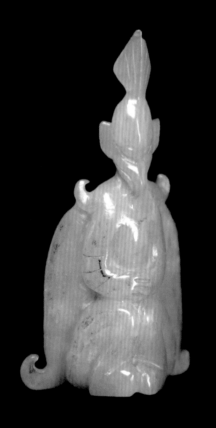

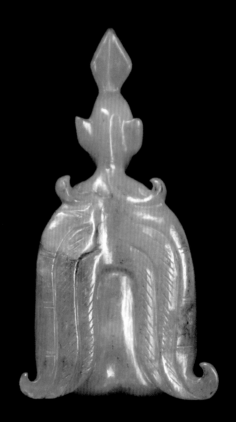

六朝灰白玉雙翼雷公雕像

　　用灰白玉雕成的雷公，鳥嘴，頭頂朱雀羽冠，身上有雙翼，披帛。雙手相觸置於腹前。身體採蹲坐姿。全器有黃土沁。

【高 7.1 ㎝／寬 3.8 ㎝／厚 2.0 ㎝】

六朝灰白玉朱雀禮圭雕像

　　由灰白玉雕成一朱雀與禮圭，朱雀的形象有春秋戰國時鳥尊的風格。圭上的茱萸紋
爲魏晉南北朝時人們喜好之紋飾。全器有明顯之黃土沁。

【高 7.6 cm／寬 4.6 cm／厚 1.8 cm】

【高 8.1 ㎝／寬 3.8 ㎝／厚 2.1 ㎝】

六朝白玉巫師持璜祭祀雕像

　　以白玉雕成的跪姿巫師，髭髮卷髮向上，右手舉大玉璜，璜的一面雕有蒲紋，另一面則無。左手扶一物。全器有黃土沁。

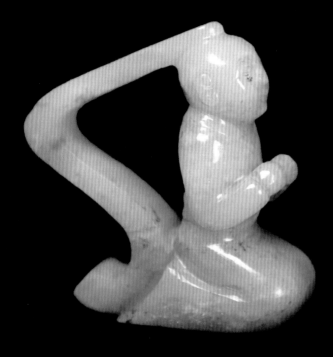

六朝青白玉髡髮祭祀者雕像

用青白玉雕成的祭祀者，整個身體爲跪姿，雙手置於胸前，似乎在膜拜。誇張的髡髮梳理至身後直到裙襬。全器有黃土沁。

【高 5.2 cm／寬 4.9 cm／厚 2.0 cm】

六朝灰白玉髡髮舞女雕像

由灰白玉雕成的舞女，面容秀雅，髡髮，著深衣。從寬大袖口經身體至深衣尾端，形成半月形。全器有明顯黃土沁。

【高 8.1 cm／寬 5.8 cm／厚 0.8 cm】

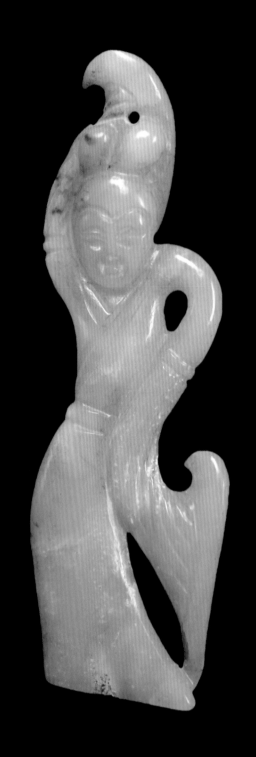

六朝白玉頭梳朝天髻舞者雕像

　　以白玉雕成的漢人舞者，身著左襟右衽寬袖衣裳，頭髮有髮尖，未髡髮。頭上梳有朝天髻。右手向上高舉，左手向下擺動，身體呈 S 型，正在翩翩起舞。全器有黃土沁。

【高 8.2 ㎝ ╱ 寬 3.0 ㎝ ╱ 厚 0.4 ㎝】

六朝白玉雙龍首璜

用白玉雕成的璜，兩端各飾一龍首，龍口微開，露出尖牙。拱型的中間部分，飾有
草紋。全器有明顯的黃土沁。

【長 10.5 ㎝ ／ 寬 1.7 ㎝ ／ 厚 2.1 ㎝】

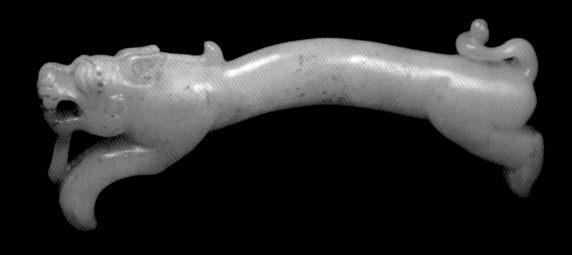

六朝青黃玉龍犬雕像

　　以青黃玉雕成的龍犬形璜，一端爲龍頭，另一端爲犬尾。龍犬的頭部有朱雀羽冠，下巴有鬍鬚。鮮卑族的圖騰爲蒼狼（及犬狼），犬與龍的結合成爲龍犬，本雕像應爲此意。全器有明顯黃土沁。

【 長 8.4 ㎝ / 寬 3.1 ㎝ / 厚 0.9 ㎝ 】

第玖章・六朝人首玉雕件

五件青玉人首，斷代六朝依據：
一、人首羊角的祖先像（鮮卑族）。
二、髡髮大耳，鬢髮成茱萸狀。
三、右襟左衽的胡服。
四、狼犬或龍的歲俑。

六朝青玉鮮卑族之祖先的頭部雕像

　　用青玉雕成的一頭部雕像，獸耳，頭上一雙羊角大而卷曲，胸部以半圓形體當一底座，其上飾以三角形紋，頭部背後，二羊角間以有同樣之紋飾。面像表情沉穩、肅穆。將之歸爲鮮卑族之祖先頭部雕像。全器有明顯土沁且有局部泛白之現象。

【高 5.0 ㎝／寬 2.7 ㎝／厚 2.7 ㎝】

六朝青玉昌意（常儀）族攝耳氏頭部雕像

　　用青玉雕成的頭像，雙耳顯得較一般的大。攝耳即大耳之意。此爲攝耳氏之特徵，北魏族人的祖先是從昌意（常儀）而來。一脈相傳。本雕像有土沁及細微處（縫隙）泛白現象。

【高 5.4 ㎝／寬 4.2 ㎝／厚 2.0 ㎝】

六朝青玉攝耳髡髮祖先頭部雕像

以青玉雕成的頭像，攝耳、髡髮，右襟左衽。頭後方飾有雙雲紋。此爲北魏族的祖先頭部雕像，全器有土沁及局部泛白的現象。

【高 5.3 cm／寬 4.0 cm／厚 1.7 cm】

六朝青玉蒼狼圖騰雕像

　　用青玉雕刻出一蒼狼的頭與頸部雕像。頭上有啄木鳥的羽冠，也類似紅山文化 C 型龍之鬃毛。又似鮮卑族人之髡髮的樣式。蒼狼爲北魏鮮卑族的圖騰。全器有土沁及局部泛白的現象。

【高 4.2 cm／寬 3.7 cm／厚 1.8 cm】

六朝青玉皇族人首雕像

　　由青玉雕刻而成的人首雕像，頭上戴遠遊冠，顯示出此爲皇族人身份。鼻尖部及頸部以淺浮雕的雲紋來裝飾。頭部後方亦飾以陰刻雲紋。全器有土沁及白化現象。

【高 6.0 cm／寬 3.1 cm／厚 1.8 cm】

第拾章・六朝青玉原始巫教文化玉雕件

圖騰文化，大角山羊、蒼狼、鷟鳥、梟鳥與髡髮民族形成各種原始神祕組合的玉雕，這些玉雕保留上古文化，並沒有受到戰漢時期中原玉雕文化影響，從玉件衣服、冠飾、髮式、分折，應是漢至六朝，北方民族、鮮卑族的文化怪異、天馬行空的玉雕形式，每一玉雕，就是一種當時人民的想法、信仰，如何詮釋應是更大的功課。

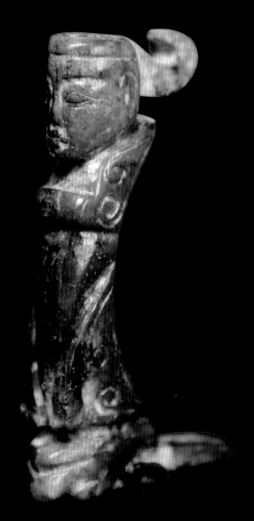

六朝青玉鮮卑祖先與蒼狼圖騰複合體雕像

　　以青玉雕刻而成的上下二元素的複合體雕像，一端是鮮卑祖先，其髭髮與紅山文化「C」型龍上的鬃毛是類似的。另一端，則是蒼狼的頭部，頭戴天干，蒼狼是鮮卑族的圖騰。整體雕像如弦月狀。全器有土沁現象。

【高 10.4 cm／寬 6.2 cm／厚 1.8 cm】

六朝青玉巫師仿祖雕像

　　用青玉雕成的巫師像，頭戴燧人氏啄木鳥頭雕像，身穿羽翼，腳騎羊獸首。燧鳥（啄木鳥）與羊角皆為炎帝的圖騰。鮮卑族為羌族（及炎帝的後裔），所以巫師將鮮卑族祖先的元素都表現在身上。整體玉雕如弦月狀。全器有土沁及白化現象。

【高 8.0 ㎝／寬 6.3 ㎝／厚 2.1 ㎝】

六朝青玉蒼狼騎大角山羊首雕像

　　由青玉雕刻而成的蒼狼騎羊首雕像，亦即圖騰的複合體，表示蒼狼與羊二者所代表的圖騰的族群有共同的祖先。北魏為多祖先的族群共同體，此件玉雕只能表示北魏眾多族內之一族。炎帝本是伏羲的後裔，而伏羲以犬與羊為圖騰。因此炎帝系也以羊為圖騰。北魏鮮卑族為羌族，以羊為圖騰，屬炎帝系，其來有自。本器有土沁及白化現象（註1）。

【高　㎝／寬　㎝／厚　㎝】

（註1）大角山羊是西山高原特有大型羊角，身體壯碩的山羊。

六朝青玉戴大角山羊角巫師雕像

以青玉雕刻而成的巫師像，面相肅穆，身穿窄袖，以及下擺有南北朝佛像雕刻之風格的衣裳。雙手相觸於腹前。反騎羊獸首。全器有土沁及白化現象。

【高 8.4 ㎝ / 寬 4.5 ㎝ / 厚 3.1 ㎝】

六朝灰白玉巫師騎大
角山羊獸首雕像

用灰白玉雕成的巫師像，頭戴
漢朝時的武冠。背部雕有雙翼，應是
代表著羽人或神仙之意。全器有土沁
及白化現象。

【高 8.0 ㎝ / 寬 3.4 ㎝ / 厚 3.2 ㎝

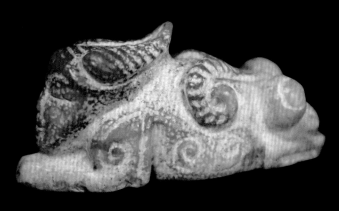

六朝青玉羌祖與大角山羊獸首合體之圖騰雕像

　　以青玉刻成的雕像，巫師的頭部位於牛背上，牛首與牛尾佔了雕像的大部份，身體是被縮小了。當然寓意只在於巫師是駕牛升天飛奔，至於身體部位大小比例的問題就不是問題了。雕像上飾有雲紋。全器有黃土沁。

【高 8.6 ㎝ / 寬 4.6 ㎝ / 厚 2.4 ㎝】

六朝青玉巫師騎牛雕像

　　以青玉刻成的雕像，巫師的頭部位於牛背上，牛首與牛尾佔了雕像的大部份，身體是被縮小了。當然寓意只在於巫師是駕牛升天飛奔，至於身體部位大小比例的問題就不是問題了。雕像上飾有雲紋。全器有黃土沁。

【高 8.6 ㎝ / 寬 4.6 ㎝ / 厚 2.4 ㎝】

六朝青玉人首獸身雕像

　　用青玉刻成的雕像，人首，獸的前蹄。身上有飛翼，尾部卻以獸首來取代。獸身上飾有雲紋。全器有土沁及泥土附著物。

【長：5.5 ㎝寬：5.1 ㎝厚：2.2 ㎝】

六朝青玉騎大角山羊獸首巫師雕像

　　由青玉雕成的巫師像，頭戴羊角，背上有雙翼。身騎羊獸首。以巫師的頭部與羊獸首的合體來呈現巫師的半身像。全器有土沁，在縫隙中有泥土的附著物。

【 高 9.6 ㎝ ／ 寬 4.2 ㎝ ／ 厚 2.5 ㎝ 】

六朝青玉啄木鳥騎大角山羊獸首雕像

　　用青玉刻成的雕像，以啄木鳥為頭部，啄木鳥身軀的腹前雕以羊獸首，背部仍是以羽或鳥尾為飾。啄木鳥是炎帝的圖騰。羊獸首為羌族、炎帝族裔的圖騰。因此本玉雕為炎帝族之圖騰。全器有土沁及白化現象。

【 高 6.6 ㎝ ／ 寬 4.0 ㎝ ／ 厚 1.6 ㎝ 】

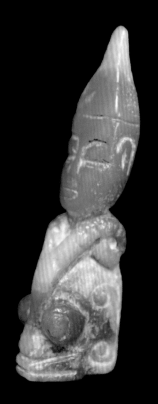

六朝灰白玉巫師騎大角山羊獸首雕像

　　由灰白玉雕成的巫師像，頭戴三角形氈帽。巫師自頸部以下即為半獸首。以巫師的頭部與羊獸首的合體來呈現巫師的半身像。全器有土沁，縫隙中有泥土的附著物。

【 高 10.0 ㎝ ／ 寬 3.0 ㎝ ／ 厚 2.1 ㎝ 】

六朝青玉蒼狼與蝗蟲合體雕像

　　以青玉雕成的合體雕像，一邊是北魏鮮卑族的圖騰，蒼狼。另一邊是蝗蟲的頭部雕〔像〕。全器有土沁，縫隙中有泥土的附著物。

【高 7.0 ㎝／寬 4.2 ㎝／厚 2.0 ㎝】

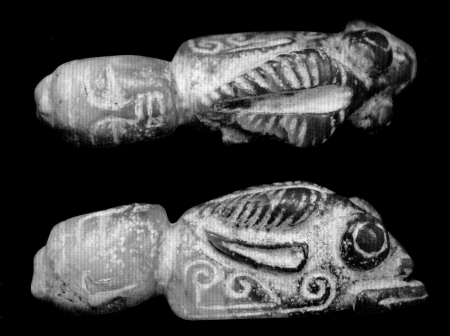

六朝青玉巫師騎大角山羊獸首雕像

　　用青玉雕成的合體雕像，一邊是巫師的頭部，另一邊是羊獸首。羊獸首為羌族、炎〔帝〕族裔的圖騰。玉雕上有些雲紋紋飾。整體而言，就是巫師藉著祖先神之力與神溝通。〔全〕器有土沁及白化現象。

【高 9.7 ㎝／寬 3.0 ㎝／厚 2.0 ㎝】

六朝青玉戴梟鳥冠巫師頭部雕像

由青玉雕成的巫師像，頭戴梟鳥冠（梟鳥有二耳），梟鳥的雙翼滿飾雲紋。貓頭鷹就是梟鳥，亦即商代族人的圖騰。所以北魏族人亦應與商族後裔有淵源。此玉雕為很好的佐證。全器有土沁及白化現象。隙縫處殘留有硃砂及泥土等沉積物。

【高 8.2 ㎝ / 寬 4.1 ㎝ / 厚 1.7 ㎝】

六朝青玉獸面珮

以青玉雕成的獸面珮，兩顆凸出圓圓的大眼，鼻上往上延伸形成「V」字形或三角形。寬闊的大嘴，兩邊的大耳。看不出是何種獸類的頭面，感覺上有些鎮慎力，此珮應是做避邪之用。全器有土沁及白色附著物。

【高 5.4 ㎝ / 寬 4.1 ㎝ / 厚 2.0 ㎝】

六朝灰白玉朱雀與梟混合體雕像

由灰白玉將朱雀與梟的混合體刻成的雕像，頭上有啄木鳥的羽冠以及梟的雙耳。展開的雙翼及腹前，以陰刻的方式飾有雲紋。全器有土沁，縫隙處有白化的現象。

【高 7.8 ㎝ / 寬 4.0 ㎝ / 厚 2.0 ㎝】

六朝灰白玉獸面珮

由灰白玉雕成的鳥形玉珮，鳥具有雙耳，顯然是梟鳥。而「玄鳥生商」玄鳥及是梟鳥，商代族人的圖騰。雕像上的雙翼上飾有雲紋。本玉珮有土沁以及縫隙處有白化現象。

【高 7.9 cm／寬 3.8 cm／厚 1.9 cm】

六朝青玉燧鳥騎神獸面雕像

用青玉刻成的雕像，上方為燧鳥（即日鳥，炎帝系圖騰），騎在神獸頭面上。神獸，兩顆圓圓的大眼，寬闊的大嘴，鳥翼覆在神獸頭後方。全器有土沁，縫隙處有白化的現象。

【高 11.1 cm／寬 3.9 cm／厚 2.9 cm】

六朝灰白玉炎帝圖騰雕像

以灰白玉刻成的雕像，人首鳥身，為東夷族祖先圖騰。伏羲少昊氏以虎（伏）與鳥為圖騰。雕像上的三角形紋帽子，應為東夷族之圖騰。所以本雕像並非飛天，而是少昊圖騰雕像。全器有土沁，縫隙中有黃土之殘留沉積物。（此內外大小三角形冠與仰韶文化彩陶盆中人首與魚，的人首冠是一樣的，代表炎帝、伏羲氏）

【高 8.1 cm／寬 4.6 cm／厚 1.6 cm】

六朝青玉少昊人首飛鳥與虎首雕像

　　用青玉刻成的合體雕像，一端是人首飛鳥，卽少昊氏圖騰；另一端是虎首，虎首有燧鳥羽冠（炎帝裔），卽伏羲氏圖騰。二者的合作卽是伏羲少昊氏之圖騰雕像。全器有土沁以及縫隙處有白化現象。

【高 11.1 cm／寬 4.2 cm／厚 2.0 cm】

六朝青玉蒼狼首人身蹲坐玉珮

　　以青玉雕成的玉珮，蒼狼的頭部，加上蹲坐狀態的人之身體。蒼狼首有燧鳥羽冠，人的身體上飾有陰刻的雲紋。蒼狼是鮮卑族的圖騰。全器有土沁以及縫隙處有白化現象。

【長 6.7 cm／寬 2.6 cm／厚 2.1 cm】

六朝青白玉獸首人身蹲坐雕像

　　由青白玉刻成的獸首雕像，兩顆凸出圓圓的大眼，加上寬闊的大嘴，看不出是何種獸類的頭面。獸首下是人的身體，手腳上都飾有淺浮雕的雲紋。全器有土沁，縫隙處有白色及黃色的沉積物。

【高 9.6 cm／寬 3.8 cm／厚 3.3 cm】

六朝青玉人首虎耳騎獸珮

用青玉雕成的玉人珮，人首虎耳，騎在獸上，應該是當時的伏羲像。騎獸應表示騎獸升天之意，猶如王子喬駕鶴西歸。全器有土沁，縫隙處有白化現象。

【高 9.1 ㎝／寬 4.4 ㎝／厚 2.1 ㎝】

六朝青玉戴武冠人物雕像

由青玉雕成之直立人物，相貌威嚴，頭戴武冠，身著寬袍，雙手相觸於身前。此種衣袍爲魏晉南北朝時之人物所著的服飾。全器有土沁，縫隙處有白化現象。

【高 8.0 ㎝／寬 3.4 ㎝／厚 2.3 ㎝】

六朝青玉戴虎帽人物雕像

　　以青玉雕成的直立人物雕像，頭戴虎帽，身著左襟右衽衣裳，上衣喇叭袖，雙手相觸於腹前。全器有土沁，縫隙處有白化現象。

【 高 8.6 cm ／ 寬 2.6 cm ／ 厚 2.2 cm 】

六朝灰白玉鳥族女祖雕像

　　用灰白玉刻成的雕像，面容肅穆，頭戴三角形巫帽，身體裸露，以鳥的雙翼取代雙手，採蹲姿型態。雙翼上飾有雲紋。本件作品應為鳥族女祖雕像。全器有土沁，縫隙處有白化現象。

【 高 9.2 cm ／ 寬 4.2 cm ／ 厚 2.3 cm 】

六朝灰白玉蝗王玉雕

由灰白玉雕成的蝗王，頭部爲獸面，兩顆凸出大大的雙眼，一節一節的虫體腹部旁，各有一隻爪子，其上節有回紋，尾部飾有雲紋。最大的蝗蟲，稱爲蝗王，祭祠蝗王（蝗神），祈求如傳說所云「蝗化爲魚蝦」，俾使穀物無災。全器有土沁，縫隙處有白化現象。

【長 9.2 ㎝／寬 3.1 ㎝／厚 2.4 ㎝】

六朝灰白玉戴高冠官員雕像

用灰白玉刻成的直立官員雕像，頭戴高冠，穿漢式衣袍，此爲北魏時期的文史官員形象。雕像後方鑽有二孔，當爲珮來使用。全器有土沁，縫隙處有白化現象。

【高 8.5 ㎝／寬 2.4 ㎝／厚 1.8 ㎝】

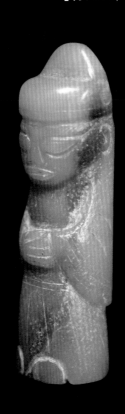

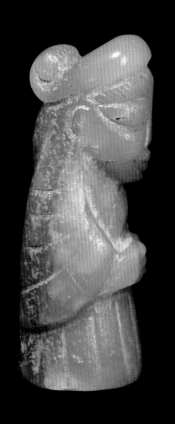

六朝灰白玉胡人雕像

以灰白玉雕刻而成的直立胡人，髡髮，著大袍色間裙。此爲北魏時，胡人的衣著裝扮。全器有土沁，縫隙處有白化現象。

【長 6.8 ㎝／寬 2.4 ㎝／厚 2.4 ㎝】

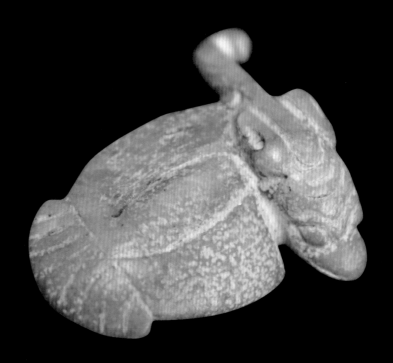

六朝灰白玉燧鳥與梟之合體玉雕

由灰白玉刻成之玉雕，有燧鳥的冠羽與鳥的耳朵，二者的合體。燧鳥即日鳥是炎帝系的圖騰。梟是商代族人的圖騰。本雕像爲上二種圖騰的合體。全器有土沁，縫隙處有白化現象。

【長 6.3 ㎝ / 寬 6.3 ㎝ / 厚 1.9 ㎝】

六朝青玉戴虎帽人物雕像

以青玉雕成的直立人物雕像，頭戴虎帽，身著左襟右衽衣裳，上衣喇叭袖，雙手相觸於腹前。全器有土沁，縫隙處有白化現象。

【高 8.6 ㎝ / 寬 2.6 ㎝ / 厚 2.2 ㎝】

收集幾件羊角、大耳的人物玉雕，人首附加予祖先圖騰，就是民族祖先像。我把這件玉雕放於第一件，故此人物的光明鎧甲，是獨特的六朝時期的鐵証。六朝北方民族鮮卑族即以羊為圖騰的炎帝族裔，大耳，應是兔耳，兔耳代表月，代表昌意或常儀或是漢末北方大月氏、小月氏，都是漢末至隋，北方民族系統，所以有此特點的玉雕都歸為六朝玉雕。

西魏至隋青玉羌族祖先雕像

　　用青玉刻成的直立雕像，頭上有羊角與兔耳，羌族以羊為圖騰，而兔耳代表昌意（常儀），以月為圖騰，兔即月。據《北魏書》：「祖昌意」。雕像上的腰部有一繩索，鮮卑族常以繩索為腰帶。根據以上所述，本件為羌族祖先雕像。全器有很明顯的土沁。（衣服的光明鎧甲可証六朝之玉雕）

【高 16.0 ㎝／寬 5.5 ㎝／厚 5.2 ㎝】

六朝青玉武人雕像

　　以青玉雕刻成的直立武人，面貌威嚴，雙手相觸於腹前。身著大袍，此種大袍只見於漢末或六朝。本器有輕微的土沁。（雙大耳，後戴大羊角）

【高 13.6 ㎝ / 寬 7.0 ㎝ / 厚 3.8 ㎝】

六朝至隋灰白玉羌族祖先雕像

　　由灰白玉刻成的直立雕像，頭上有羊角與兔耳，羌族以羊爲圖騰。兔耳代表昌意（常儀）以月爲圖騰，兔即月。雕像人物著對襟深衣，下裙有雙龍圖騰，龍首刻有髭髮，代表鮮卑族。根據以上所述，本件爲羌族祖先雕像。全器有土沁。

【高 16.0 ㎝ / 寬 4.0 ㎝ / 厚 3.3 ㎝】

六朝白玉羌族祖先雕像

由白玉刻成的一跪姿雕像，頭上
有羊角。雙耳以大的雲紋爲飾，代表
大耳氏圖騰，亦表示是昌意（常儀）
的月族。手和足皆雕以獸爪，即爲方
相氏之類的巫師。本件爲羌族祖先雕
像。全器有土沁。

【高 5.7 ㎝／寬 2.9 ㎝／厚 2.2 ㎝】

六朝白玉羌族祖先雕像

直立人物雕像，頭上有羊角與大耳。羌族以羊爲圖騰。大耳氏以一雙大耳爲圖騰
亦代表昌意（常儀）。《北魏書》：「祖昌意（常儀）以月爲圖騰」。後腦雕以鮮卑族
的髡髮髮式。所以本件爲羌族祖先雕像，雙手合持一奎於腹前。全器有明顯的土沁。

【高 14.2 ㎝／寬 3.6 ㎝／厚 2.5 ㎝】

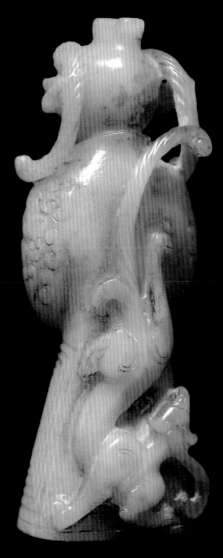

朝白玉羌族祖先雕像

　　以白玉刻成的人物雕像，頭上有羊角與大耳，此即爲羌族與昌意的圖騰。人物身著黿錦服，左襟右衽窄袖，雙手相觸於腹前。背後雕以螭龍，以顯神格。根據上述，本爲羌族祖先雕像。全器有明顯黃土沁。（螭龍立雕攀附人身爲六朝特色）

【高 10.5 ㎝ / 寬 3.8 ㎝ / 厚 2.3 ㎝】

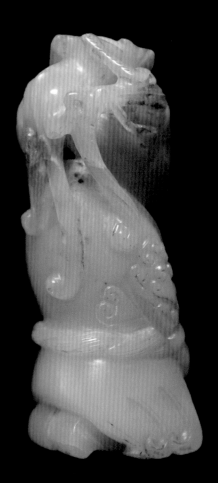

六朝白玉羌族祖先跪姿雕像

　　用白玉雕成的跪姿雕像，頭上有羊角及大耳，此即羌族與昌意的圖騰。身著華麗之
服，下裳雕以羽紋，以表示此人物為仙人。頭上雕以螭龍以顯其具有至高無上之神格。
雕像上的腰部有一繩索，鮮卑人常以繩索為腰帶。北方的悉族、索族皆以編織為職，
此繩索為其圖騰。根據上述，本件為羌族祖先雕像。全器有明顯的土沁。（螭龍立雕
附人首，六朝特色）

【高 9.0 ㎝／寬 3.4 ㎝／厚 3.0 c

第拾貳章・六朝道教文化玉雕件

此坑之玉雕像有東漢風格，如長冠，流行於漢代，而廢止於隋代。亦有漢代的武冠。

錦袍繡服為華麗衣裳，是六朝之王室、貴族喜歡之服飾。錦服、刺繡、蟠龍、梟鳥、獸首是為道教之神祇，所以此坑應是道教最早的神像。

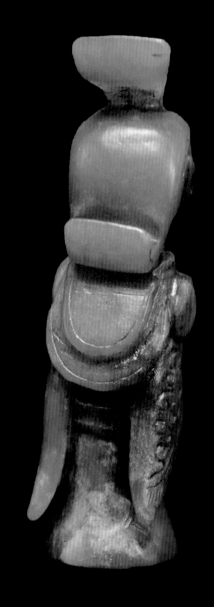

六朝青玉戴長冠貴族雕像

　　直立人物雕像，面容斯文，大耳，髭髮，頭戴長冠。穿左襟右衽大袍雲紋錦服、披帛。六朝時之大袍，多爲交領、大袖，袍下長及膝。領、袖、襟、裾等均緣以寬闊之黑邊，以襯托出錦服之華麗。人物雙手相觸於腹前，從服飾打扮，可知此人物爲貴族。全器有土沁。

【高 10.0 cm／寬 2.6 cm／厚 2.2 cm】

六朝灰白玉戴長羊角
巫師雕像

　　由灰白玉刻成的直立巫師雕像，面貌肅穆，大耳，頭戴長羊角，仿羌族祖先像。身穿大袍，左襟右衽雲紋錦服，立領、大袖，此乃六朝服飾風格。巫師雙手相觸於腹前。一副虔誠恭敬的模樣。全器有明顯黃土沁。

【高 12.1 ㎝／寬 3.1 ㎝／厚 2.3 ㎝】

六朝灰白玉戴短羊角
巫師雕像

　　以灰白玉刻成的直立巫師雕像，面容肅穆，大耳，頭戴短羊角，仿羌族祖先像。身穿大袍，雙襟雲紋錦服，立領、大袖，此皆爲六朝時的服飾風格，肩上有披帛，巫師雙手相觸於腹前。全器有明顯的黃土沁。

【高 9.7 ㎝／寬 3.2 ㎝／厚 2.3 ㎝】

六朝青玉武將雕像

　　直立人物雕像，面貌五官端正，雲紋大耳，嘴下蓄山羊鬍。頭戴武冠（其制以漆紗為之，形如簸箕，使用前先在頭上裹以巾幘，然後加以冠飾），身穿大袍，左襟右衽雲紋立領錦服，其上有茱萸紋。肩上有披帛。雙手相觸於腹前。全器有明顯的黃土沁，隙縫中有泥土的沉積物。

【高 10.1 ㎝／寬 2.5 ㎝／厚 2.2 ㎝】

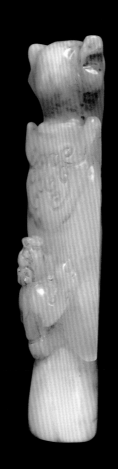

六朝白玉巫師雕像

　　用白玉刻成的直立巫師雕像，面貌肅穆，髟髮，以雙邊大耳呈現大耳氏圖騰。身穿大袍，雙襟大袖之雲紋錦服。肩上有披帛。背後飾以刺繡螭龍（螭龍是蚩尤的圖騰）。巫師雙手相觸於腹前。全器有黃土沁。

【高 11.5 ㎝／寬 3.7 ㎝／厚 2.0 ㎝】

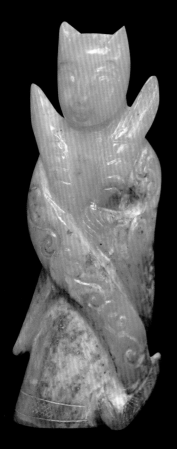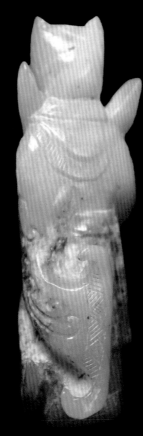

六朝青白玉虎族巫師雕像

　　由青白玉刻成的直立巫師雕像，頭戴虎耳帽（表示其為虎紋），身穿大袍雲紋錦服，喇叭袖，肩上有披帛。兩手在腹前交叉，左手喇叭袖口延至背後，右手的喇叭袖口，甚至觸及地面。這些細節皆為六朝服飾特徵。全器有明顯的黃土沁。

【高 9.9 ㎝／寬 3.5 ㎝／厚 2.8 ㎝】

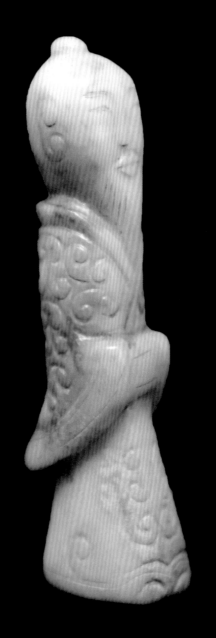

六朝青白玉老子雕像

　　直立老子雕像，前留有鬍鬚。單髮髻。雲紋耳，頭後飾有太極紋，此皆爲傳說中的
老子形象。雕像上的老子，身穿大袍、立領、大袖的雲紋錦服，此乃爲六朝服飾的特徵，
雖然老子爲周朝時候的人（註1）。本器有明顯黃土沁。

【高 10.5 cm ╱ 寬 2.7 cm ╱ 厚 1.8 cm】

（註1）老子姓李名耳，楚國人，他一生的思想都記載在約五千字的《老子》一書中，上篇名
　　　　爲「道經」，下篇稱「德經」，因此又叫《道德經》。其思想經莊子發揚成爲道家學派，主要
　　　　思想來源，老子也因此被尊奉爲「道教」教主。

六朝青白玉祥龍穿羅漢雕像

　　由青白玉刻成的羅漢雕像，平時的面龐，頭上削髮，雲紋耳。身穿對襟上衣下裳。一條螭龍從身體穿過。龍首朝上似乎在與羅漢對話。全器有明顯的黃土沁。縫隙中有泥土的附著物。

【高 11.1 ㎝／寬 5.1 ㎝／厚 1.6 ㎝】

六朝灰白玉鳥族巫師雕像

　　以灰白玉刻成的直立巫師雕像，面容肅穆，頭戴鳥形冠，表示其為鳥族。身穿大袍喇叭袖錦服，其上飾有茱萸紋。肩上有披帛。身後刺繡有獸面紋。雙手相觸於腹前，一副虔誠恭敬的模樣。全器有明顯的黃土沁。

【高 10.9 ㎝／寬 4.5 ㎝／厚 3.5 ㎝】

六朝白玉持龍首杖人物雕像

　　直立人物白玉雕像，面容平實，頭上一高的圓形髮髻，雲紋耳，雙手持一龍首杖。身穿大袖長袍，衣袖上有茱萸紋。下裳後方有倒吊象龍紋。全身呈「C」字彎月形（爲六朝人物玉雕特徵）。本器有明顯黃土沁。

【高 10.0 cm ／ 寬 4.9 cm ／ 厚 2.0 cm】

六朝白玉大耳氏祖先雕像

　　直立人物白玉雕像，長相平實，一對超大的雲紋耳來表示其爲大耳氏族裔。頭戴（燧鳥）鳥形冠，髭髮，身穿大袍錦服，肩上有披帛。背後有刺繡的梟鳥紋。根據以上，將此人物稱爲大耳氏祖先雕像。全器有明顯黃土沁。

【高 9.7 cm ／ 寬 3.6 cm ／ 厚 2.7 cm】

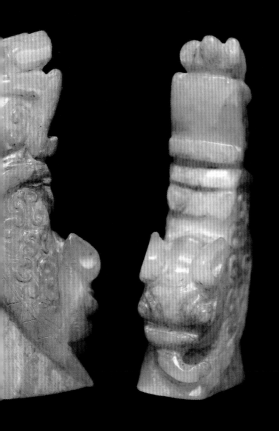

六朝青白玉頭戴蟬冠人物雕像

　　用青白玉雕成的人物雕像，頭戴蟬冠，應是窮蟬祖先像。雲紋耳，身穿大袍雲紋錦服，前面飾有茱萸紋，後面刺繡獸首吐舌紋。全器有明顯黃土沁，縫隙中有泥土的沉積物。

【高 9.5 cm／寬 3.8 cm／厚 2.2 cm】

六朝白玉帶鸕冠人物雕像

　　直立人物白玉雕像，長相一般，頭戴鸕冠（一種鳥羽制成的冠），身穿大袍寬袖雲紋錦服及披帛。雙肩上有鳥翼，腳前方的大袍上有梟鳥刺繡紋。兩手相觸於腹前。全器有明顯的黃土沁。

【高 12.0 cm／寬 2.4 cm／厚 2.3 cm】

六朝青白玉背蟬翼人物雕像

用青白玉刻成的跪姿雕像，面貌平實。髡髮。背上負著蟬翼。雙手各平放在雙腿上。頭部微微低垂，似在祈禱。全器有明顯的黃土沁。

【高 7.6 cm／寬 3.3 cm／厚 2.0 cm】

六朝青白玉帶羽冠大耳人物雕像

直立人物青白玉雕像，面容平實，雙邊挺立尖形大耳。髡髮。頭帶羽冠。身穿大袍寬袖雲紋錦服。肩上有披帛。雙手相觸於腹前。全器有明顯的黃土沁。

【高 11.5 cm／寬 3.3 cm／厚 2.0 cm】

六朝青白玉帶獸耳帽樣式人物雕像

直立人物青白玉雕像，頭戴獸耳帽。髡髮。身穿大袍寬袖雲紋錦服。大袍下擺拖曳於後。雙手觸於腹前。全器有明顯的黃土沁。

【高 9.2 cm／寬 6.2 cm／厚 1.8 cm】

第拾參章・六朝北方官員
武將玉雕件

五件玉雕，斷代重要元素：
一、兩襠服是六朝最重要特色。
二、摩尼珠是六朝佛教文化的重要元素。
三、髡髮，鮮卑人的髮型。
四、右襟左衽，北方民族服裝。
五、窄袖，寬喇叭袖口為六朝至唐時的服裝特色。

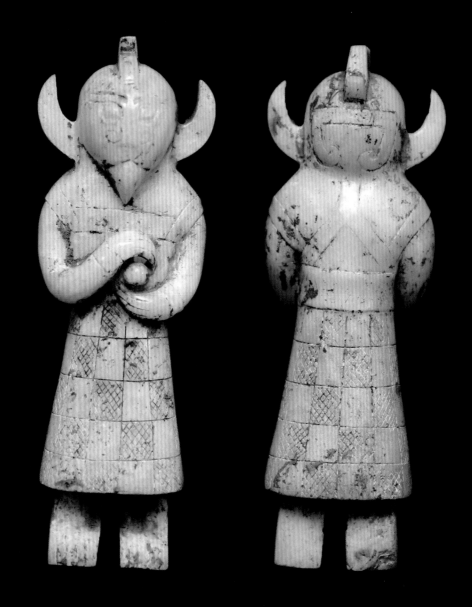

六朝青白玉武將雕像

　　以青白玉刻成的直立武將，頭戴牛角鳥嘴面具，身穿兩檔服，上衣窄袖，下檔為方格裙。手環「活跳脫」，雙手盤摩尼珠。本件應是當時「蘭陵王」（註1）的雕像。全器有明顯的黃土沁。

【高 12.0 cm／寬 4.0 cm／厚 2.0 cm】

（註1）「蘭陵王」即是高肅，字長恭，又名高孝瓘（西元541年～573年），是北齊世宗文襄皇帝高澄的第四個兒子。勇敢善戰，被封為徐州蘭陵王。據傳說，因為他長相太俊美，不足威嚇敵人，所以每次打仗都戴上有震懾力的面具。本雕像即是如此表現。

六朝青白玉戴平頂帽
文官雕像

　　由青白玉刻成的直立雕像，頭
戴平頂官帽，披髮，兩耳垂髮，頭
後辮髮的髡髮樣式。右襟左衽，雙手
相插於袖內置於腹前，一副恭敬的樣
子。身穿窄袖上衣，方格長裙。全器
有明顯的黃土沁。縫隙中有泥土的沉
積物。

【 高 11.1 cm ／ 寬 3.5 cm ／ 厚 2.2 cm 】

六朝青白玉貴婦雕像

　　直立人物青白玉雕像，臉形秀
氣，婦女模樣。髡髮。身穿右襟左衽
衣裳。袖子上窄下寬的喇叭袖。寬板
腰帶，上衣下裙，裙的後部飾有茱萸
紋。整體顯現貴婦或官婦型態。全器
有明顯的黃土沁，縫隙中有泥土的沉
積物。

【 高 11.6 cm ／ 寬 3.8 cm ／ 厚 3.0 cm 】

六朝青白玉盤高髻文官雕像

用青白玉刻成的直立雕像，大
耳，頭上盤高髻，身穿大袍，右襟左
衽。袖子上窄下寬的喇叭袖。寬板腰
帶，大袍背後飾有類似披帛及茱萸紋
的陰刻紋飾。全器有明顯的黃土沁。

【高 11.3 cm／寬 3.7 cm／厚 3.0 cm】

六朝青白玉頭頂圓盤文官雕像

直立人物青白玉雕像，面容端
正，雲紋耳，頭頂圓盤，應視為頭戴
天穹。雙肩上有鳥首形的披帛。身穿
窄袖上衣，右襟左衽。下身為方格長
裙，此為六朝時的服飾。雙手環抱於
腹前，一副恭敬的樣子。全器有明顯
的黃土沁。縫隙處有泥土的沉積物。

【高 12.0 cm／寬 3.0 cm／厚 2.8 cm】

第拾肆章‧六朝工藝鎏金、纏絲、彩漆玉雕件

幾件鎏金、纏絲、彩漆玉雕斷代為六朝因：

一、蟬鬢髮型只流行於六朝。

二、髡髮是鮮卑人流行髮式。

三、璧、璜、琮、圭，祭祀巫覡流行於漢至六朝。

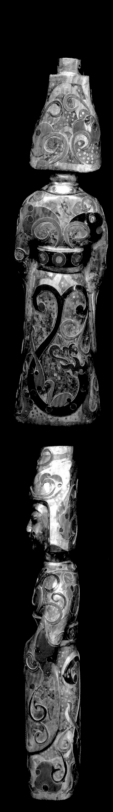

六朝青玉鎏金鎏銀纏銀線彩漆婦人雕像

　　由青玉刻成的直立婦人雕像，面容優雅，頭飾蟬鬢，身穿左襟右衽、窄臂寬袖之服，腰部繫一寬幅腰帶。全器鎏金鎏銀。身上多處飾變形如意紋或茱萸紋，紋飾的邊緣纏黏銀線，其內加以彩漆。使得全身金光、銀光閃閃，色澤華麗，五光十色，鮮豔無比。十足表現了六朝藝術家及工匠將巧思盡可能運用到極限，不厭其煩地製作出心目中美輪美奐的作品。全器有土沁，但不影響整體的光鮮亮麗之美。（雙頰有唐朝流行的貼花鈿，貼花鈿源於戰國，盛行於大唐）

【高 4.0㎝／寬 10.7㎝／厚 6.1㎝】

六朝白玉鎏金纏銅絲彩漆巫師持圭祭祠雕像

　　用和闐白玉刻成的巫師雕像，全身鎏金及纏黏有銅絲紋飾，並加以彩漆，有紅、綠、等顏色。巫師髡髮，身穿錦服刺繡服裝，前後皆有火焰紋，「火」字爲炎帝圖騰。錦旁側以彩漆表現，實際爲刺繡「羽」字。意卽羽人、神仙。戴在手臂上以綠色彩漆表的爲臂釧，手腕上以紅色彩漆表示的爲手鐲。巫師雙手共持一圭，跪姿，一副祭祠時敬的模樣。全器有土沁。額頭、臉頰及身上局部的鎏金及彩漆有脫落現象並露出白玉質。

【高 11.3 cm／寬 4.6 cm／厚 3.5 cm】

六朝白玉鎏金纏銅絲彩漆巫師持璧祭祠雕像

以和闐白玉刻成的巫師雕像，全身鎏金且纏黏有銅絲，紋飾並加以彩漆，有紅、綠、黑等色。巫師髡髮，身穿左襟右衽錦服刺繡服裝，裙部前飾以紅色的雙弦月紋（雙 C 紋）。後部飾以黑色的火焰紋。錦服旁側以彩漆表現，實為刺繡「羽」字，意即羽人仙人。戴在手臂上，以綠色彩漆表示的為臂釧。手腕上以紅色彩漆表示的為手鐲。巫雙手共持一璧，跪姿，一副祭祠恭敬的模樣。全器有土沁，臉頰及身上局部的鎏金有落的現象，並露出白玉玉質。

【高 11.3 ㎝／寬 4.6 ㎝／厚 3.5 ㎝】

六朝白玉鎏金纏銅絲彩漆巫師持璜祭祠雕像

　　由和闐白玉刻成的巫師雕像，全身鎏金且黏有銅絲，紋飾並加以彩漆，有紅、綠等色。巫師髡髮，身穿左襟右衽錦服刺繡服裝，裙部前飾以綠色的火焰紋彩漆，已脫落留一些痕跡。旁為「羽」字綠色彩漆，表示原來的刺繡紋，意為羽人或神仙。戴在手上，以綠色彩漆表示的為臂釧。手腕上以紅色彩漆表示的為手鐲。巫師雙手共持一璜。姿，一副祭祠恭敬的模樣。全器有土沁，雙臉頰及身上局部的鎏金有脫落的現象，並出白玉玉質。

【高 11.3 cm／寬 4.7 cm／厚 3.8 cm】

六朝白玉鎏金纏銅絲彩漆巫師持琮祭祠雕像

　　以和闐白玉刻成的巫師雕像，全身鎏金且纏黏有銅絲紋飾並加以彩漆，有紅、綠、黑等顏色。巫師髡髮，身穿錦服刺繡服裝。裙前部飾以紅色的火焰紋彩漆。後部飾以□色的茱萸紋或如意紋。錦服旁側「羽」字，綠色彩漆，表示原來的刺繡紋，意為羽人、神仙。戴在手臂上，以綠色彩漆表示為臂釧。手腕上以紅色彩漆表示的為手鐲。巫師□手共持一琮。跪姿，一副祭祠恭敬的模樣。全器有土沁，額頭及身上局部的鎏金有脫□的現象並露出白色的玉質。

【高 11.2 ㎝／寬 4.6 ㎝／厚 3.7 ㎝】

六朝白玉持圭巫覡雕像

　　用和闐白玉刻成的巫覡雕像，頭戴燧鳥嘴帽，雙眼飾以魚形，並加以彩漆。肩膀飾
　飛翼，表示為羽人或神仙。全身飾以火焰紋。雙手有手環，以綠色彩漆表現。雙腳有
　環，以紅色彩漆表示。雙手共持一圭，單跪姿，一副祭祠恭敬的模樣。全器有土沁，
　上局部地方的鎏金有脫落的現象並露出白色玉質。（與仰韶文化彩陶盆炎帝像人首與
　，中人首像組合元素是一樣的）

【高 16.3 ㎝／寬 5.4 ㎝／厚 4.6 ㎝】

六朝白玉持璜巫觋雕像

　　由和闐白玉刻成的巫觋雕像，頭戴燧鳥嘴帽，雙眼飾以魚形並加以彩漆。肩膀飾羽紋，代表羽人或神仙。背後飾以燧鳥紋。雙手有環，以綠色彩漆表現。雙腳有腳環，以紅色彩漆表現。雙手共持一璜。單跪姿，一副祭祠恭敬的模樣。全器有土沁，身上局部地方的鎏金有脫落的現象並露出白色玉質。（胸前有藍色火字彩漆紋，與眼魚紋、燧鳥帽卽可証是炎帝後裔之禮器）

【高 16.1 ㎝／寬 5.0 ㎝／厚 4.2 ㎝】

六朝白玉持璧巫覡雕像

　　以和闐白玉刻成的雕像，頭戴燧鳥嘴帽。雙眼飾以魚形並加以彩漆。肩膀飾羽紋，代表羽人或神仙。全身飾有火焰紋彩漆。雙手有手環，以綠色彩漆表現。雙腳有腳環也以綠色彩漆表現。雙手共持一璧。單跪姿，一副祭祠恭敬的模樣。全器有土沁，身上局部地方的鎏金有脫落的現象，並露出白色玉質。

【高 16.1 ㎝／寬 5.6 ㎝／厚 4.7 ㎝】

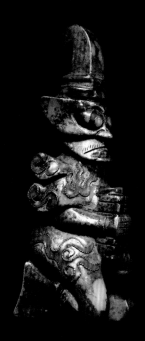

六朝白玉持琮巫覡雕像

　　用和闐白玉刻成的雕像，頭戴燧鳥嘴帽，雙眼飾以魚形並加彩漆。肩膀飾羽紋，代表羽人或神仙。全身飾有火焰紋彩漆。雙手有手環，以綠色彩漆表現。雙腳有腳環以黑色彩漆表現。雙手共持一琮。單跪姿，一副祭祠恭敬的模樣。全器有土沁，身上局部地方的鎏金有脫落的現象，並露出白色玉質。

【高 16.2 ㎝／寬 5.8 ㎝／厚 4.3 ㎝】

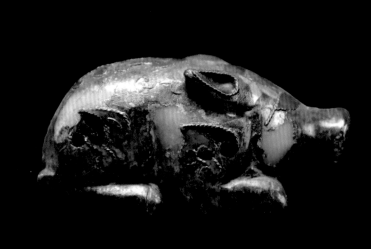

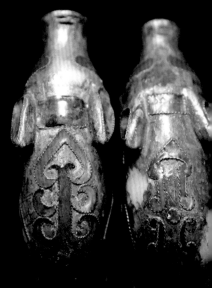

六朝白玉纏絲鎏金加彩漆圓雕豬

以白玉刻成的臥姿圓雕豬，全身纏絲鎏金，鑲嵌銅邊紋飾，主要是雲紋，其內再填以厚彩漆，使之顯得美輪美奐，鮮豔多彩，應供祭祠用。全器有黃土沁。

【高 10.0 ㎝ ∕ 寬 4.8 ㎝ ∕ 厚 3.2 ㎝】

六朝白玉鎏金纏銅絲彩漆巫師施法雕像

由和闐白玉刻成的巫師雕像，全身鎏金且纏黏有銅絲紋飾，並在紋飾內加以彩漆，有紅、綠、黑等顏色。巫師髡髮，身穿左襟右衽錦卷雲紋繡服。彎曲身子坐在自己的腳上。其右手拂袖如北斗狀，左手上舉如鳳鳥。北斗袖與鳳鳥是戰國與漢代時，巫師作法（與神明溝通）的法器。本件雕像有土沁，袖子與上半身，局部的地方，鎏金與彩漆呈脫落現象，露出白玉玉質。

【高 8.8 ㎝ ∕ 寬 7.0 ㎝ ∕ 厚 1.9 ㎝】

第拾伍章・六朝記里鼓車、指南車玉雕模組

指南車為三國魏時馬鈞發明，而記里鼓車是晉朝時創製的機械車輛。此兩件玉雕組合模型應是六朝時之玉雕。

（一）車體及擊鼓雙人；（二）模型組合圖

六朝白玉記里鼓車玉雕模型

（一）車體及擊鼓雙人；（二）模型組合圖

【長 21.0 ㎝／寬 24.0 ㎝／厚 14.0 ㎝】

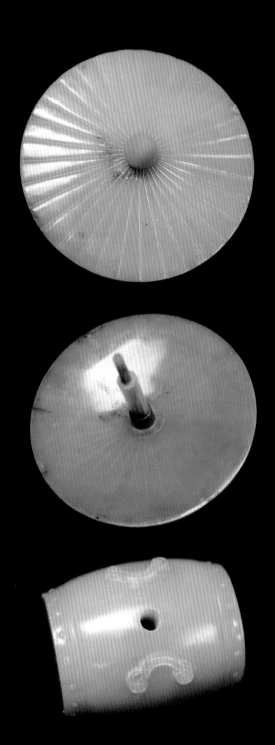

六朝白玉記里鼓車模型之玉雕配件

　　以和闐白玉雕刻而成的記里鼓車，由數種零件組合而成：（一）傘；（二）傘柄；（三）鼓；（四）車轅的支架；（五）車轅；（六）鼓槌；（七）車體及擊鼓雙人。記里鼓車的運作原理，主要是運用齒輪的轉動。齒輪每轉一百圈，中平輪便會隨著轉動一周，並且帶動木人擊鼓一槌（註1）。全器有黃土沁。

（註1）記里鼓車是晉朝時創造的機械車輛，由二馬並駕向前拉行，每行1里（500米），車上的木人就會擊鼓一槌，以此來丈量土地大小。參考《中華文明傳真5》一書，第137頁。羅宗真 著／劉煒 主編。

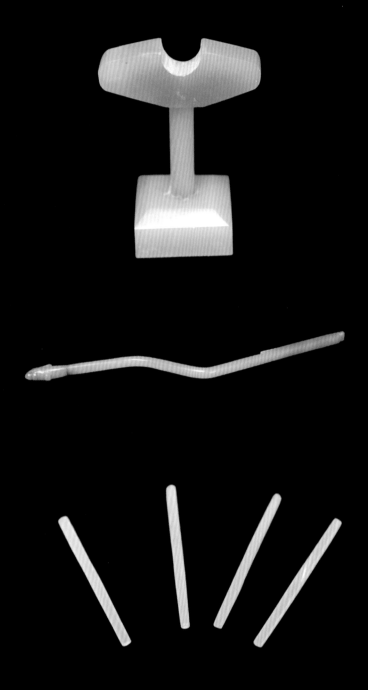

六朝白玉記里鼓車模型之玉雕配件

尺寸：（一）傘【直徑 14.0 cm】；（二）傘柄【長 6.7 cm】；（三）鼓【長 6.0 cm
／寬 4.1 cm／厚 4.1 cm】；（四）車轅的支架【長 5.5 cm／寬 2.6 cm／厚 4.1 cm】；（五）
車轅【長 29.4 cm／寬 0.8 cm／厚 0.8 cm】；（六）鼓槌；（七）車體及擊鼓雙人；（八）
模型組合圖【長 21.0 cm／寬 24.0 cm／厚 14.0 cm】

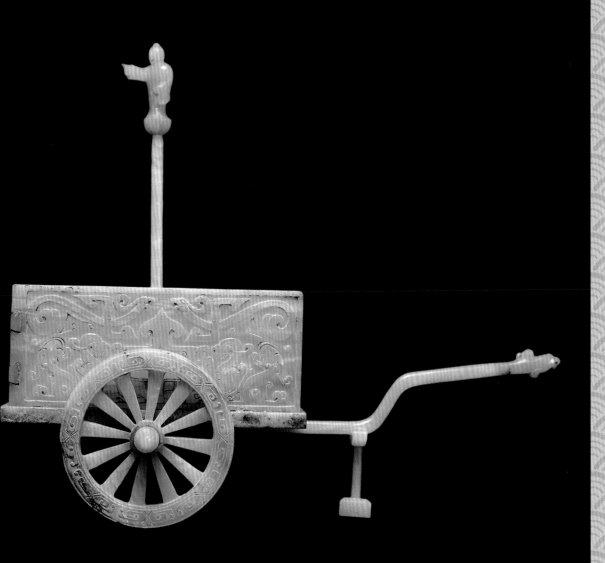

六朝白玉組合指南車玉雕模型

　　指南車是三國曹魏時期由著名的機械製作家馬鈞所發明，需由兩匹馬並駕向前拉動，車子轉了方向，木人依舊指向南方，這對軍隊的行進方向的判讀有很大的幫助（註2）。全器有黃土沁，縫隙處有泥土的沉積物。

【長 21.0 ㎝ ／ 寬 24.0 ㎝ ／ 厚 14.0 ㎝】

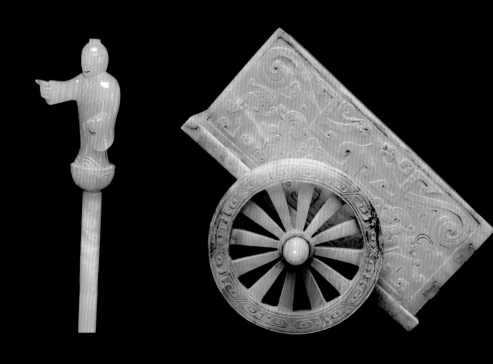

六朝白玉指南車模型之玉雕配件

以和闐白玉雕刻而成的指南車，由數種零件組合而成：（一）指南玉人與柄；（二）車轅支架；（三）車轅（鳳首）；（四）車體。

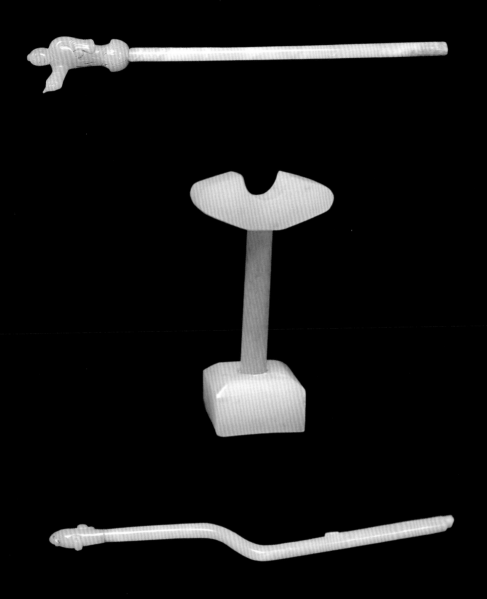

六朝白玉指南車模型之玉雕配件

尺寸：指南玉人與柄【長 23.7 cm／寬 3.5 cm／厚 2.0 cm；柄直徑 0.7 cm】（二）車轅支架【長 5.4 cm／寬 2.0 cm／厚 2.0 cm】（三）車轅（鳳首）【長 26.5 cm／寬 0.7 cm／厚 0.7 cm】（四）車體【長 17.5 cm／寬 13.7 cm／厚 13.0 cm】

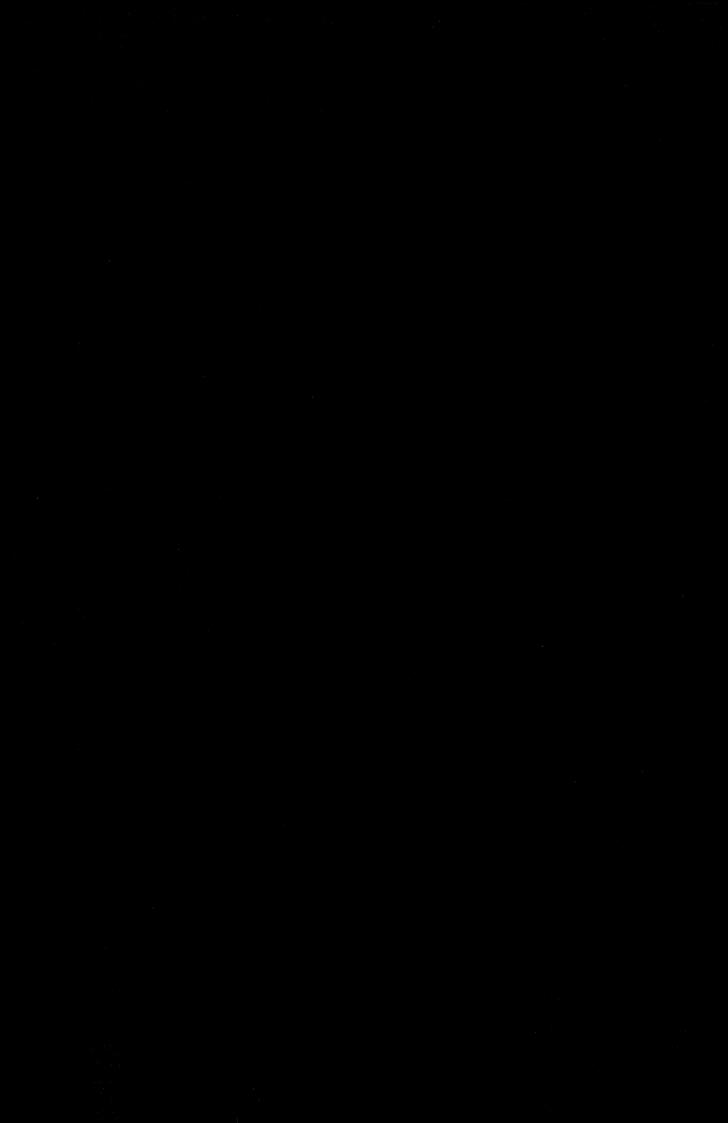

第拾陸章・六朝巫與祀玉雕件

此坑，十幾件，灰白玉雕，斷代依據：

一、髡髮戴小冠，六朝特徵。

二、髡髮羽人似大耳，有別於漢朝羽人。

三、髡髮薩滿女巫，北方民族信仰。

四、虎噬人首，商代風格玉雕，六朝留有許多商文化。

六朝灰白玉祭祠跪人持璜雕像

　　用灰白玉刻成的祭祠跪人雕像，頭戴小冠，髡髮，C型雲紋耳。雙手共持一璜於腹部前方。跪姿，一副虔誠恭敬的模樣。全器有很明顯的黃土沁，縫隙處有泥土的沉積物，局部地方有白化現象。

【高 8.5 cm／寬 4.0 cm／厚 2.8 cm】

六朝灰白玉祭祠跪人持圭雕像

　　由灰白玉刻成的祭祠跪人雕像，頭戴小冠，髡髮，C型雲紋耳。雙手共持一圭於身體前方，跪姿，一副虔誠恭敬的模樣。全器有很明顯的黃土沁，縫隙處有泥土沉積物，局部的地方有白化現象。

【高 8.3 cm／寬 3.8 cm／厚 3.0 cm】

六朝灰白玉祭祠跪人持琮雕像

　　以灰白玉刻成的祭祠跪人雕像，頭戴小冠，髡髮，C 型雲紋耳。雙手共持一琮於身體前方，手上戴有手鐲。跪姿，一副虔誠恭敬的模樣。全器有黃土沁，縫隙處有泥土沉積物。

【高 8.4 ㎝／寬 4.5 ㎝／厚 3.4 ㎝】

六朝青白玉羽人祭祠雕像

　　用青白玉刻成的羽人,髦髮於頭兩側似大耳。身穿左襟右衽服裝,全身飾有茱萸紋。跪著的腳部兩邊有羽紋。雙手戴有手鐲。跪姿,一副虔誠恭敬祭祠的模樣。全器有鐵鏽沁。

【高 8.4 ㎝／寬 3.7 ㎝／厚 3.7 ㎝】

六朝青白玉頭頂髮髻羽人祭祠雕像

由青白玉刻成的羽人，髭髮於兩側似大耳，頭頂有髮髻。身穿左襟右衽服裝。跪姿，副虔誠恭敬祭祠的模樣。全器有鐵鏽沁。

【高 8.5 cm／寬 2.8 cm／厚 3.0 cm】

六朝灰白玉舞女雕像

以灰白玉刻成的舞女，身穿左襟右衽衣裳。膝蓋彎曲，身體旋轉坐在雙腳上。左手向上向後甩，在背後形成一個圈圈，與右手向後甩所形成的圈圈，上下並列，一副曼妙舞姿。全器有鐵鏽沁。

【高 8.7 cm／寬 4.1 cm／厚 3.0 cm】

六朝灰白玉虎噬人首雕像

　　用灰白玉刻成的雕像，底座為虎首，雙腳跪姿如虎耳。整體似老虎張開大口咬
髟髮的人首。雕像的寓意，如同現藏於法國巴黎市立賽努奇博物館（The Museu
Cernuschi）的商代虎噬人銅容器（Vase in the shape of a catcalled the Tigress）
其意應為，製造出此雕像的族裔為虎族。虎為此族的圖騰。而非如外觀的形象，看起
為虎噬人。全器有鐵鏽沁。

【高 9.3 ㎝／寬 4.0 ㎝／厚 3.3 ㎝】

六朝灰白玉力士雕像

由灰白玉刻成的力士，髭髮、大耳，肩有雙翼。袒胸，蹲姿，腹下圍一三角形布兜。全器有鐵鏽沁。

【高 6.4 cm／寬 4.3 cm／厚 1.3 cm】

六朝灰白玉漢朝風格舞女雕像

以灰白玉刻成的舞女，頭飾墮馬髻。身穿右襟左衽衣裳。膝蓋彎曲，身體旋轉曲身坐在雙腳上。左手向上往後甩，右手觸地後微微彎起，正在翩翩起舞，整個雕像表現出漢朝風格舞女。全器有鐵鏽沁。

【高 8.0 cm／寬 6.8 cm／厚 1.1 cm】

六朝灰白玉平頂人物雕像

用灰白玉刻成的蹲姿人物雕像，平頂，雲紋耳，兩手放在膝蓋上。雕像卽爲一個玉王勒，當作佩戴使用。全器有很明顯的鐵鏽沁。

【高 6.8 cm／寬 2.9 cm／厚 2.9 cm】

六朝青白玉巫師雕像

巫師螺旋髮式，雙手抱腹屈膝呈恭敬姿勢。

【高 8.8 ㎝／寬 2.7 ㎝／厚 2.3 ㎝】

六朝灰白玉跪人雕像

由灰白玉刻成的人物雕像，頭上有一單髻。身穿左襟右衽衣裳，寬幅腰帶。兩手平放在跪姿的大腿上。頭部微微上仰，張開的雙眼眼神往天直望，一副企盼的模樣。全器有很明顯的鐵鏽沁。

【高 8.3 ㎝／寬 3.5 ㎝／厚 3.4 ㎝】

六朝青白玉羽翼仙人雕像

　　以青白玉刻成的雕像，髡髮，背後雙肩上有羽翼，亦即表示此人為仙人。雙手置於胸前，跪姿，一副恭敬謙卑的模樣。全器有很明顯的鐵鏽沁。

【高 7.2 cm／寬 3.7 cm／厚 3.0 cm】

六朝白玉薩滿女巫雕像

　　用白玉刻成的雕像，髡髮，身穿窄臂寬袖薄紗衣裳，雙乳清晰可見。女巫揮舞兩手，或高或低，扭動身軀，大跳娛神降神之裸舞。全器有鐵鏽沁。

【高 7.1 cm／寬 5.0 cm／厚 1.8 cm】

六朝白玉梟鳥雕像

　　由白玉刻成的梟鳥雕像，一雙鳥腳直立與羽翼共同接觸地面，形成穩定站立狀態。羽冠上鑽有一圓孔，作爲珮飾配帶之用。古語敍述「玄鳥生商」，玄鳥卽梟鳥（貓頭鷹），梟鳥是商代的圖騰。此雕像的刻製與配帶或與商代的後裔有關。全器有很明顯的鐵鏽沁。

【高 6.0 cm ／ 寬 3.0 cm ／ 厚 2.5 cm】

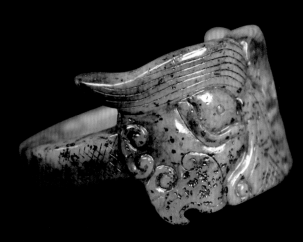

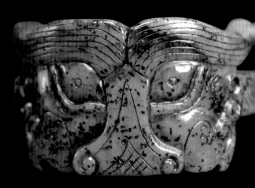

六朝青白玉獸面紋鐲

　　由青白玉刻成的手鐲，前爲寬厚的獸面紋，雲紋耳。後爲細窄的圓環，外圍刻有繩紋紋飾。此類的玉手鐲極爲少見，具有創意。可說是玉手鐲類中的稀品。全器有很明顯的鐵鏽沁。

【高 7.0 cm ／ 寬 4.8 cm ／ 鐲高 1.2 cm ／ 厚 0.8 cm】

六朝青白玉矮冠文官雕像

　　以青白玉刻成的直立文官雕像，雲紋耳，頭戴短冠文官帽，身穿左襟右衽衣裳。整個雕像是用圓柱狀的玉材料，在其外緣以淺浮雕及陰刻手法，極其簡潔地雕刻出矮冠文官人物。與漢代時的漢八刀所雕刻的玉握豬有異曲同工之妙。全器有鐵鏽沁。

【高 7.8 cm／寬 1.3 cm／厚 1.3 cm】

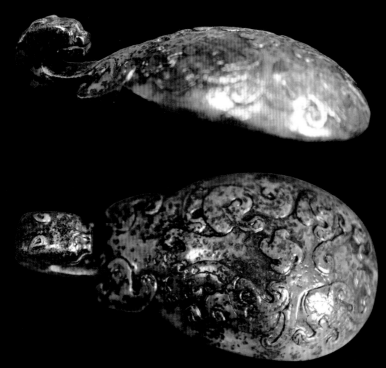

六朝灰白玉虎首帶鉤

　　由灰白玉雕刻成的帶鉤，鉤首為虎首。其旁的主體部位上，刻飾有穿璧雙螭龍，中間則飾有自身花旋的蓮花。全器有很明顯的鐵鏽沁。

【長 12.8 cm／寬 6.8 cm／厚 2.6 cm】

六朝白玉薩滿女巫雕像

　　以白玉刻成的雕像，髡髮，頭上白布紮額（註1）。身穿寬袖薄紗衣裳，雙乳清晰
可見。女巫揮舞雙手，或高或低，身軀扭動，大跳娛神降神之裸舞。全器有黃土沁及白
化現象，縫隙處有泥土之沉積物。

【高 12.5 ㎝／寬 4.3 ㎝／厚 2.8 ㎝】

（註1）六朝時南朝梁後主武平年間，令宮人以白布紮額，狀如服喪。參考《中國傳統服飾形
制史》第 43 頁。周訊、高春明 著。

六朝白玉髡髮紮額舞女

　　用白玉刻成的舞女雕像，髡髮，頭上白布紮額。身穿窄臂寬袖，左襟右衽衣裳。全飾茱萸紋。腳著高齒屐（註2）。揮舞雙手，扭動身軀，大秀舞蹈。全器有明顯的銅綠沁。

【高 9.1 ㎝ / 寬 6.0 ㎝ / 厚 1.7 ㎝】

註2）梁朝在全盛時，貴游子弟，無不薰衣剃面，穿高跟齒屐。參考《中國傳統服飾形制史》43 頁。周訊、高春明 著。

六朝青玉西王母娘娘雕像

　　用青玉刻成的西王母娘娘雕像，身穿左襟右衽，窄臂寬袖衣裳。雙手相交於腹前，胸前飾有雲紋。下裳飾有網紋與南北朝時特殊的雲氣紋。頭戴一冠，其上有一鑽孔，應為當珮飾時穿繩之用。全器有明顯的黃土沁，縫隙處有泥土的沉積物。

【高 8.5 cm／寬 3.3 cm／厚 0.9 cm

第拾柒章・擬六朝時紅山文化十二生肖玉雕

此坑有神秘色彩的十二生肖歲俑，目前發現最早出現的十二生肖歲俑是在六朝，但此十二生肖的龍首歲俑卻有紅山文化之特徵。但老虎歲俑其頭上有淺浮雕的隸書「王」字，應可斷代最早（即上限）為漢代之物。故本坑之十二生肖歲俑，斷代為擬六朝之玉雕。

六朝靑黃玉十二生肖之一鼠立俑

　　由靑黃玉雕刻成的鼠立俑，鼠首，男裸體人身，雙手各自放在雙腿上。全身飾以九個淺浮雕文字，應是鮮卑文，字意待考。全器有老土紅化現象以及黑色水銀沁。目前考古發現最早十二生肖俑爲六朝，此十二件，生肖俑，由其雕工、紋飾、風格、沁色應早於六朝，但沒有任何佐證，爲何時的紅山文化，只暫例爲六朝玉雕。

【高 28.0 ㎝ ／ 寬 7.0 ㎝ ／ 厚 6.5 ㎝】

六朝青黃玉十二生肖之二牛立俑

　　以青黃玉雕刻成的牛立俑，牛首，男裸體人身，雙手各自放在雙腿上。全身飾以七個淺浮雕文字，應是鮮卑文，字意待考。全器有老土紅化現象，以及黑色水銀沁。目前考古發現最早十二生肖俑為六朝，此十二件，生肖俑，由其雕工、紋飾、風格、沁色應都早於六朝，但沒有明佐證，只暫例為六朝玉雕。

【高 26.5 ㎝／寬 7.4 ㎝／厚 5.5 ㎝】

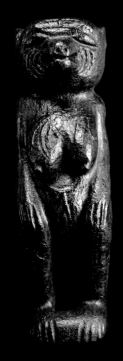

六朝青黃玉十二生肖之三虎立俑

　　由青黃玉雕刻成的虎立俑，虎首，女裸體人身，雙手各自放在雙腿上，全身飾以七個淺浮雕文字，應是鮮卑文，字意待考。全器有老土紅化現象，以及黑色水銀沁。

【高 26.5 ㎝／寬 7.1 ㎝／厚 6.1 ㎝】

六朝青黃玉十二生肖之四兔立俑

　　用青黃玉雕刻成的兔立俑，兔首，女裸體人身，雙手各自放在雙腿上，全身飾以十個淺浮雕文字，應是鮮卑文，字意待考。全器有老土紅化現象，以及黑色水銀沁。

【高 27.5 ㎝ / 寬 7.2 ㎝ / 厚 5.8 ㎝】

六朝靑黃玉十二生肖之五龍立俑

　　以靑黃玉雕刻成的龍立俑，龍首，紅山龍的豬鼻魚眼，燧鳥冠羽。男裸體人身，雙手各自放在雙腿上，全身飾以七個淺浮雕文字，應是鮮卑文，字意待考。全器有老土紅化現象，以及黑色水銀沁。

【高 27.0 ㎝ ∕ 寬 7.0 ㎝ ∕ 厚 6.3 ㎝】

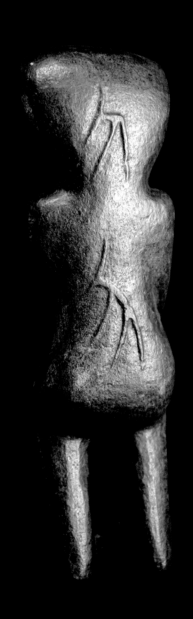

六朝青黃玉十二生肖之六蛇立俑

　　由青黃玉雕刻成的蛇立俑，眼鏡蛇頭部，女裸體人身，雙手各自放在雙腿上，全身飾以八個淺浮雕文字，應是鮮卑文，字意待考。全器有老土紅化現象，以及黑色水銀沁。

【高 27.5 ㎝ ／ 寬 6.8 ㎝ ／ 厚 6.6 ㎝】

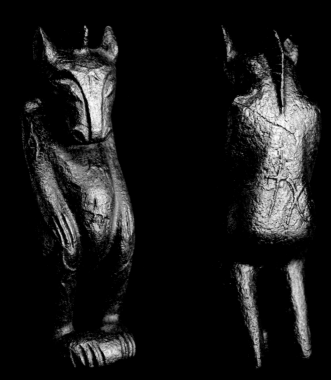

六朝青黃玉十二生肖之七馬立俑

　　用青黃玉雕刻成的馬立俑，馬首，戰馬的馬鬃，男裸體人身，雙手各自放在雙腿上，
身飾以八個淺浮雕文字，應是鮮卑文，字意待考。全器有老土紅化現象，以及黑色水
沁。

【高 28.5 cm／寬 7.6 cm／厚 6.7 cm】

六朝青黃玉十二生肖之八羊立俑

　　用青黃玉雕刻成的羊立俑，羊首，女裸體人身，雙手各自放在雙腿上，全身飾以九
淺浮雕文字，應是鮮卑文，字意待考。全器有老土紅化現象，以及黑色水銀沁。

【高 28.5 cm／寬 7.7 cm／厚 7.0 cm】

六朝青黃玉十二生肖之九猴立俑

　　由青黃玉雕刻成的猴立俑，猴首，女裸體人身，雙手各自放在雙腿上，全身飾以一個淺浮雕文字，應是鮮卑文，字意待考。右乳曾缺損，有整修的痕跡，以致左右乳的殼不同，但沁色相同。應該曾經二次入土。全器有老土紅化現象以及黑色水銀沁。

【高 26.5 ㎝ / 寬 7.0 ㎝ / 厚 6.2 ㎝】

六朝青黃玉十二生肖之十雞立俑

　　以青黃玉雕刻成的雞立俑，雞首，男裸體人身，雙手各自放在雙腿上。全身飾以一個淺浮雕文字，應是鮮卑文，字意待考。全器有老土紅化現象，以及黑色水銀沁。

【高 27.5 ㎝ / 寬 6.7 ㎝ / 厚 5.9 ㎝】

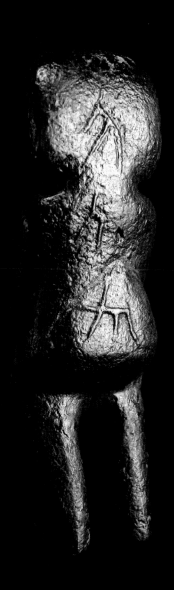

六朝青黃玉十二生肖之十一狗立俑

　　以青黃玉雕刻成的狗立俑,狗首(獒犬頭部),大垂耳,女裸體人身,雙手各自放
在雙腿上,全身飾以八個淺浮雕文字,應是鮮卑文,字意待考。全器有老土紅化現象,
以及黑色水銀沁。

【高 27.5 ㎝／寬 7.1 ㎝／厚 6.5 ㎝】

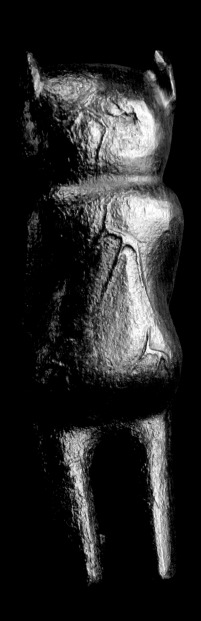

六朝青黃玉十二生肖之十二豬立俑

　　用青黃玉雕刻成的豬立俑，豬首，女裸體人身，雙手各自放在雙腿上，全身飾以九個淺浮雕文字，應是鮮卑文，字意待考。全器有老土紅化現象，以及黑色水銀沁。

【 高 26.5 cm ／ 寬 6.5 cm ／ 厚 6.3 cm 】

第拾捌章・六朝祭祀陪葬俑

以下為收集不同的陪葬俑，不同坑口，玉質不同，雕工細緻不同，但有相同的時代，風格可作六朝時期陪葬俑的比較。

六朝白玉祭祠二俑分別持璧與琮

　　以白玉雕刻而成的祭祠二俑，其一持璧，另一持琮。二者其餘的特徵相似，皆髡髮於耳朵兩側，此爲大月氏族圖騰。額頂有太極紋。身穿左襟右衽上衣下裙錦服。背部雙「C」紋，亦是大月氏族雙弦月的簡化圖騰。本二俑應是北魏眾多族之中的大月氏族之祭祠俑，其上的圖騰，卽爲大月氏族之圖騰。全器有明顯土沁。

【高 18.0 ㎝ ／ 寬 6.5 ㎝ ／ 厚 4.0 ㎝】

六朝白玉持琮祭祠俑

　　用白玉雕刻而成的祭祠俑，髡髮大耳，頭頂茱萸紋。雙臂有三陰紋（六朝人物雕刻之特徵），雙手有雙跳脫（手鐲）。盤坐。雙手合持一琮祭祠，全器有土沁及朱砂沁，尤以手臂處最爲明顯。

【高 14.1 ㎝ ／ 寬 7.3 ㎝ ／ 厚 6.2 ㎝】

六朝青玉部落王（酋長）雕像

由青玉刻成的部落王直立雕像，臉部表情肅穆，額中飾白眉，髭髮，長羽冠。身穿
上衣下裙錦服，夾領。下裙飾商玄鳥紋。酋長赤足，站在一台座上，雙手反背，額頂飾
白眉紋，有部落王之勢。全器有黃土沁，隙縫處有泥土沉積物。

【高 19.5 ㎝ / 寬 3.5 ㎝ / 厚 2.9 ㎝】

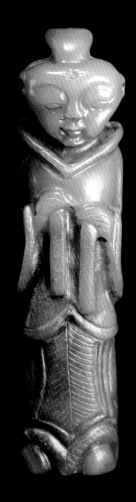

六朝灰白玉三樂俑雕像

　　以灰白玉刻成的三直立樂俑，各分持簫（或短笛）、響板及陶壎。三樂俑的外觀相
似，戴長冠（註1），額上飾白眉。身穿上衣下裳。夾領、喇叭袖。下裳前方有蔽膝。
全器有黃土沁，隙縫處有泥土沉積物。

【高 11.0 ㎝ ╱ 寬 2.7 ㎝ ╱ 厚 2.1 ㎝】

（註1）長冠是西漢開國皇帝劉邦年輕時常戴之冠飾，因此長冠流行於漢朝，至隋朝而廢止。
故戴有長冠之祭祠玉俑多為六朝時之玉雕產物。漫無佛文化白眉，故斷代六朝。

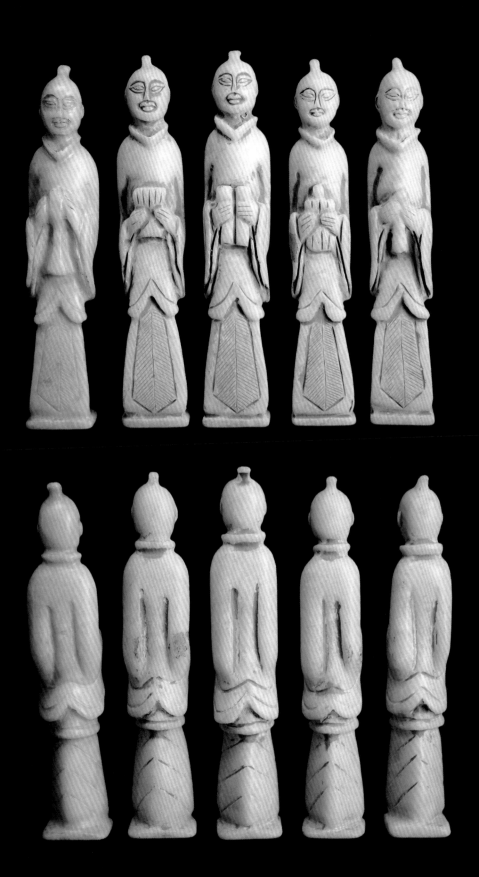

六朝青白玉五祭祠樂俑

　　用青白玉雕刻而成的五個直立樂俑，各分持嗩吶、排簫、響板、陶壎及直笛。五樂俑的外觀相似，戴小長冠，身穿上衣下裳，夾領、喇叭袖。下裳前方有蔽膝。全器有黃沁，隙縫處有泥土沉積物。

【高 15.5 cm／寬 3.0 cm／厚 2.2 cm】

六朝玉質不辨三樂俑雕像

　　由玉料刻成的直立三樂俑雕像，由於白化嚴重，無法辨別玉質，三者分別持鈸、手
鼓及笛。樂俑的外觀，彼此之間相似，頭髮錐結，眉鼻連結（六朝時常見人物之眉鼻特
殊雕法）。身穿長袍長裙。三者皆受地熱白化及土沁嚴重影響。

【高 14.2 cm／寬 2.8 cm／厚 1.9 cm】

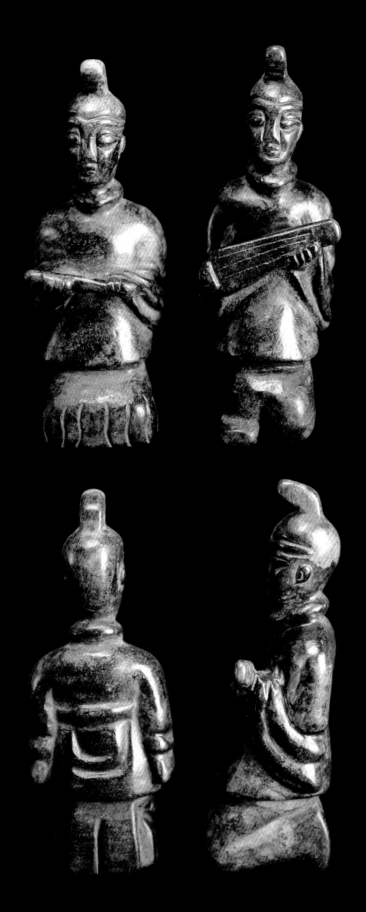

六朝白玉戴長冠二樂俑雕像

　　以白玉雕刻而成的二樂俑，外觀上大略相似，頭戴長冠，其上方前傾。眉鼻相連。身穿上衣下裳，夾領、喇叭袖。其中之一，跪坐姿，手持橫笛。另一探單跪姿，手持手琴。二者皆玉質紅化且有水銀沁現象。

【高 11.0 cm／寬 3.6 cm／厚 3.4 cm】

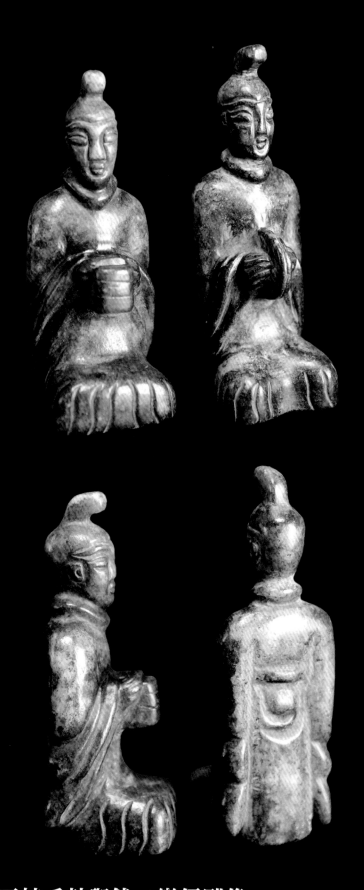

六朝白玉持手鼓與鈸二樂俑雕像

　　由白玉雕刻而成的二樂俑，外觀上大約相似，頭戴長冠，其上方前傾。眉鼻相連。身穿通袍，夾領、喇叭袖。其中之一，坐姿，手持手鼓。另一樂俑也是坐姿，手持鈸。兩皆玉質紅化且有水銀沁現象。

【高 11.1 ㎝／寬 3.6 ㎝／厚 3.5 ㎝】

六朝白玉持龍杖老子雕像

　　用白玉刻成的老子（註2）雕像，右手持龍杖，左手持葫蘆。額上滿是橫線皺紋。下巴上下蓄著長長的鬍子。身穿窄臂寬袖服裝，背部飾有太極紋。一副智慧超俗的模樣。全器玉質紅化且有水銀沁現象。

【高 10.0 cm／寬 3.5 cm／厚 8.5 cm】

註2）本件雕像與上四個樂俑為同坑之物，故斷代為六朝時所雕刻。六朝時佛道盛行，老子是君王禮拜之對象。老子被道教奉為始祖，著有五千字左右的《道德經》一書。

六朝玉質不辨坐姿四樂俑雕像

　　以玉刻成的四樂俑，玉質由於白化現象而無法辨識。外觀大略相似，頭上結單髻，眉鼻相連，身穿夾領、寬袍衣裳。坐姿，分別手持鼓、笙、響板及鈸。一副正在演奏的模樣。全器皆因地熱而白化。雕像上仍留有泥土沉積物。

【高 5.0 ㎝／寬 2.4 ㎝／厚 2.2 ㎝】

六朝白玉五樂俑雕像

　　由白玉刻成的五直立樂俑，外觀上大略相似，身穿夾領，特長寬袍（註3）。五位分持簫（或直笛）、手琴、鼓、鈸、響板及笛。全器有很明顯的黃土沁，縫隙處有泥土沉積物。

【高 11.8 ㎝／寬 2.6 ㎝／厚 1.9 ㎝】

（註3）三國時代，吳景帝時，上衣特長，下裙則短，此為當時流行之時尚風格。

六朝白玉戴遠遊冠仙人雕像

　　用白玉刻成的直立仙人雕像，頭戴二脊遠遊冠，身穿右襟左衽，窄臂寬袖錦服大袍。肩部飾有雲氣紋（表示此人爲仙人）。全器有明顯的黃土沁，縫隙處有泥土沉積物。

【高 16.5 ㎝ ／ 寬 4.5 ㎝ ／ 厚 2.2 ㎝】

六朝白玉羌族祖先雕像陪葬俑

　　直立人物雕像，頭上有羊角與兔耳，羌族以羊爲圖騰。兔耳代表昌意（常儀），以月爲圖騰，兔卽月。人物腰上繫以繩索，鮮卑族人常以繩索爲腰帶。雕像背後雕以螭龍，以顯示人物的神格。根據以上所述，本件爲羌族祖先雕像。又因雕刻較爲粗獷，應是陪葬俑，全器有明顯的土沁。（人物攀附立雕螭龍爲六朝風格）

【高 12.0 ㎝ ╱ 寬 3.1 ㎝ ╱ 厚 1.5 ㎝】

六朝白玉雙面人神祇雕像

　　以白玉刻成的直立雙面人神祇，頭上結盤旋錐髮。身穿窄袖胡人錦服，上衣飾有雲紋，下裳則有雷紋。全器有很明顯的黃土沁，隙縫處有泥土沉積物。

【高 13.3 ㎝ ╱ 寬 4.3 ㎝ ╱ 厚 2.3 ㎝】

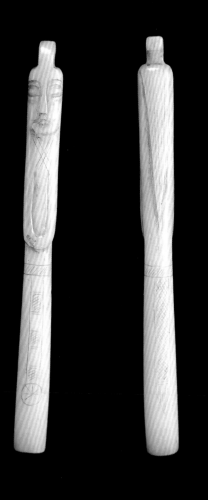

六朝白玉圓柱人物雕像

由白玉刻成的人物雕像，係採用長圓柱形玉材料，戴長冠（卽隋代前之冠飾）。髡髮。所穿衣服，下裳前方有「蔽膝」（與下一件雕像之蔽膝類似）。全器有黃土沁，縫隙處有泥土沉積物。

【高 16.0 ㎝／寬 1.3 ㎝／厚 1.3 ㎝】

六朝白玉戴帷帽胡人雕像

以白玉刻成的胡人直立雕像，戴帷帽（四周垂網）。髡髮。所穿衣服，下裳前方有「蔽膝」（與上一件雕像之蔽膝類似）。全器有黃土沁，縫隙處有泥土沉積物。

【高 8.2 ㎝／寬 2.0 ㎝／厚 0.8 ㎝】

 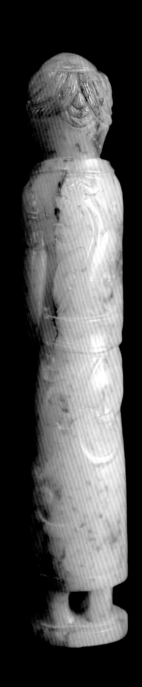 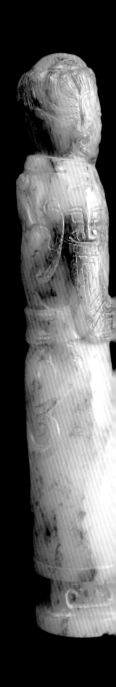

六朝白玉達摩祖師雕像

　　以白玉刻成的直立達摩祖師（註4）雕像，白眉，頭無髮，週邊頭髮茂密。身穿鎮
窄袖長袍。前繡有鳳紋，後繡螭龍紋，肩部則飾獸面紋。全器黃土沁明顯，縫隙處
土沉積物。

【高 15.0 cm／寬 1.5 cm／厚 1.

（註4）達摩全稱菩提達摩，南天竺人。南朝時，蕭衍（西元 464 ～ 549 年）建立梁（
502 ～ 557 年），稱梁武帝（西元 502 ～ 549 年），在梁武帝期間，達摩從印度航海到廣
再到梁的首都（健康）弘法大乘佛教。自稱佛傳禪宗第二十八祖。是把禪學帶入中土的第一
後世稱達摩為佛教禪宗初代祖師，達摩祖師。

第拾玖章・六朝神獸雕像

六朝與漢朝常見天祿僻邪獸，兩個朝代多少有差異：

一、漢僻邪身較壯、短，而六朝較修長。

二、六朝特殊長方形獸首是漢朝所無。

三、僻邪獸側翼，六朝長。而且許多雕於獸身之外而不附著獸身。

四、獸首，二肉瘤，如雙弦月。

五、羊角為龍角，亦為鮮卑、羌族以羊為圖騰。

用白玉刻成的天祿，頭上單角，頭形長條方形狀，頭頂部有雙半月形紋飾。形制上有東漢之風格。雙側飛翼及尾部卷起爲典型六朝之神獸。全器有很明顯的土沁及紅化現象。

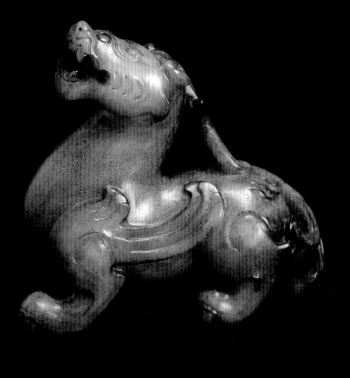

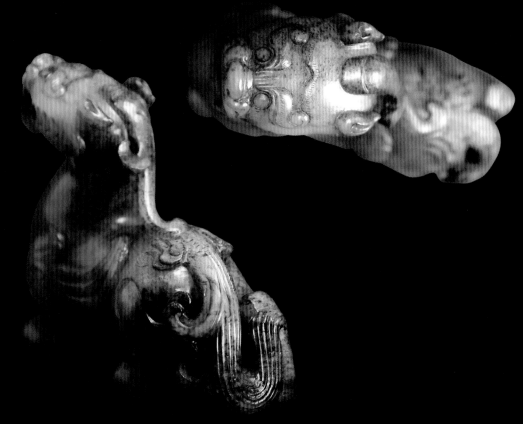

六朝白玉紅化天祿雕像

用白玉刻成的天祿，頭上單角，頭形長條方形狀，頭頂部有雙半月形紋飾，形制上有東漢之風格。雙側飛翼及尾部卷起爲典型六朝之神獸。全器有很明顯的土沁及紅化現象。

【高 14.5 cm／寬 13.5 cm／厚 5.0 cm】

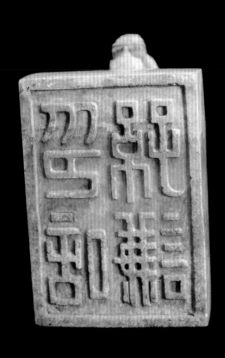

三國時期吳國白玉龍紋「孫謙印信」

　　由白玉雕成的印信，底座以淺浮雕刻有「孫謙印信」四字小篆文字（註1）。底座上刻有一雙腳蜥蜴龍，龍體上有背脊，兩側有羽紋狀芝龍鱗紋。尾部卷起向上，有魏晉時期常見之氣的表現。全器有明顯的黃土沁，印信底部，可見矽酸再結晶。縫隙處有泥土沉積物。

【高 14.0 ㎝／寬 10.0 ㎝／厚 8.6 ㎝】

（註1）孫謙（？～公元266年）三國時東吳的宗室，封永安侯。父親孫和係孫權之子，卻成為被廢太子。孫和為孫皓（公元243～284年）之庶弟（同父異母）。孫和在孫皓繼帝位後，尊為昭獻皇帝，不久追謚為文皇帝。史上傳說孫謙係因事被吳國末帝孫皓毒死。

六朝青白玉帶羊角辟邪獸雕像

　　以青白玉刻成的辟邪獸，頭戴羊角，羌族圖騰，抬頭挺胸，胸前飾蛇鱗紋，翅膀則飾螺旋紋，全身包覆繁複之六朝雲氣紋，此為魏晉時期之風格，亦即氣的表現方式，尾部有明顯之茱萸紋。全器有土褐色沁。縫隙處有泥土沉積物。局部有紅化現象。

【高 13.0 ㎝ ／ 寬 12.0 ㎝ ／ 厚 6.0 ㎝】

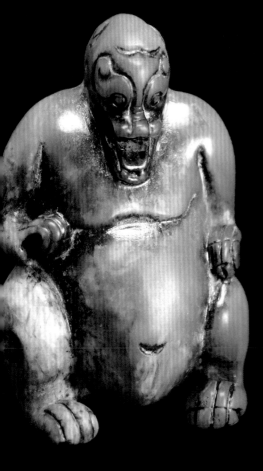

六朝青白玉方相氏雕像

　　由青玉刻成的站立方相氏雕像（註2），龍首、髭髮、熊的尾部。頭部有雙弦月紋，
雙眼圓睜，龍口大開。全器有明顯的土沁，縫隙處有泥土沉積物。

【高 9.8 cm／寬 6.0 cm／厚 3.2 cm】

註2）漢代時的方相氏為六朝時的鎮墓獸之前身。漢時的鎮墓獸為熊首，而非龍首，與本件
龍首不同。所以本件為屬於六朝之物。據《後漢書》南朝宋范曄所載：「先臘一日，大儺，
之逐疫……大相氏，黃金四目，蒙熊皮，玄衣朱裳，執戈揚盾以逐惡鬼於禁中……。」

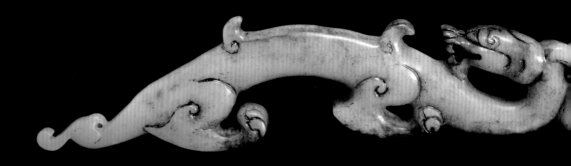

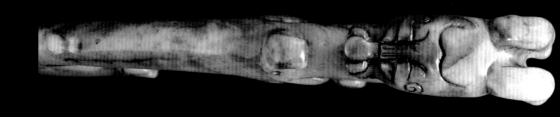

六朝青白玉龍首鳳尾合體雕像

　　用青白玉刻成的雕像，龍首、鳳尾，龍首呈長方形，反向，張口露牙，下顎貼在龍
背上。以羊角爲龍角（羌族之龍，羊龍），頭上飾有雙弦月紋。身軀呈弓形，背上有二
個雲氣紋。全器有明顯的黃土沁。縫隙處存在泥土沉積物。

【 高 22.5 cm ／ 寬 4.2 cm ／ 厚 1.8 cm 】

六朝白玉羊首辟邪獸

　　以白玉刻成的辟邪獸，羊首，雙羊角（羌族的圖騰獸），兩側飛翼有典型的六朝風格。仰首，嘴部微開。前肢下蹲，後肢微蹲，整體呈現出一種優美的造型。全器有土沁及白化現象。

【高 13.0 ㎝ ／ 寬 7.2 ㎝ ／ 厚 5.0 ㎝】

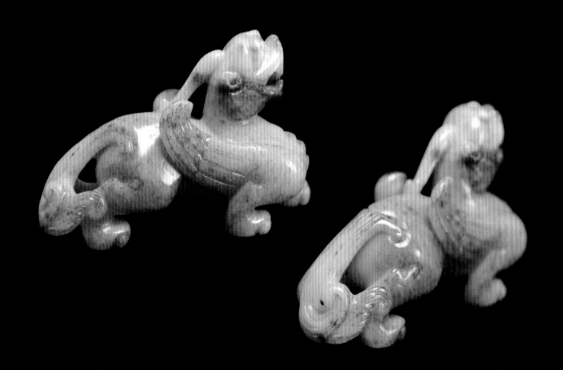

六朝青白玉天祿雕像

　　由青白玉刻成的站立天祿，頭形短高形。飛翼向上，尾部有六朝特殊之纏花紋。天祿昂首、挺胸、開口，一副雄赳赳氣昂昂的樣子。全器有黃土沁，縫隙處有泥土沉積物。

【高 10.5 ㎝ ／ 寬 8.0 ㎝ ／ 厚 3.6 ㎝】

六朝白玉辟邪獸雕像

　　用白玉刻成的站立辟邪獸，頭部長方形，獸口張開，頭上有二弦月形突起。身體雙側有飛翼，後尾卷起，此為典型的六朝神獸。整體造型相當具有力與美。全器有土沁且有白化現象。

【高 19.5 ㎝ ╱ 寬 7.3 ㎝ ╱ 厚 4.7 ㎝】

六朝白玉仙人騎神獸紋環

　　用白玉刻成的片狀環，環上以淺浮雕飾有一式四仙人騎神獸像。仙人身穿立領長袍、束腰、披帛。右手持蓮花。其餘的空間飾以回紋。全器有明顯的土沁及釘金沁。

【外徑 18.0 ㎝ / 內徑 9.0 ㎝ / 厚 0.5 ㎝】

六朝白玉鎮墓獸酒尊雕像

　　用白玉刻成的鎮墓獸，背上頂著一帶有圓形手把的酒尊。鎮墓獸，人首，髦髮狀的
鳥頭。獸身，兩側有飛翼，其末端呈迴卷狀。酒尊上飾有雲紋。尊的斗狀部份與柄座之
間有斷裂接口之痕跡。全器有明顯的黃土沁，縫隙處殘留泥土之沉積物。

【外徑 11.0 ㎝／內徑 10.0 ㎝／厚 4.3 ㎝】

第貳拾章・六朝漢風格鎏金玉雕件

這坑和田白玉，鎏金玉雕，幾件留有東漢風格，但整坑玉件分析應為六朝之物，如胡人騎辟邪獸、羽人騎辟邪獸、樂俑，都有漢代玉雕風格。而且精緻程度可比擬東漢，但十二生肖俑、鎮墓獸等都是六朝才有的陪葬玉件，所以整坑應斷代為六朝玉雕比較合理。長方形獸首、羊角、向上展翅飛翼、鎮墓獸、髡髮人物，十二生肖俑等都証明此坑屬六朝年代。

以白玉刻成的辟邪獸，體態雄偉，孔武有力，一胡人騎於其背上。胡人與辟邪獸，大小相差懸殊，後者有如大象一般。胡人，髡髮，頭上戴著髮箍，雙手前伸，緊抓辟邪獸的頸部，辟邪獸，昂首挺胸，吐舌，一副凶猛無畏之狀。整體雕像鎏金，鎏金之上又有銅綠沁。

六朝白玉鎏金胡人騎辟邪獸雕像

　　以白玉刻成的辟邪獸，體態雄偉，孔武有力，一胡人騎於其背上。胡人與辟邪獸，大小相差懸殊，後者有如大象一般。胡人，髡髮，頭上戴著髮箍，雙手前伸，緊抓辟邪獸的頸部，辟邪獸，昂首挺胸，吐舌，一副凶猛無畏之狀。整體雕像鎏金，鎏金之上又有銅綠沁。

【高 16.0 ㎝ ╱ 寬 10.0 ㎝ ╱ 厚 4.0 ㎝】

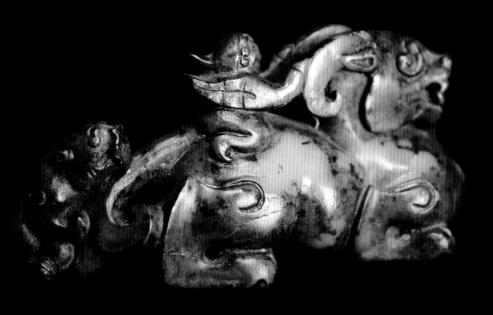

六朝白玉鎏金羽人騎辟邪獸雕像

　　用白玉刻成的辟邪獸，趴坐於地，體形雄壯，孔武有力。一羽人騎於其上，羽人髭
，胡人像，雙手前伸緊抓辟邪獸。辟邪獸，平首，羊角，挺胸，張口，一副凶猛之狀。
尾部處雕刻有一熊。整體雕像鎏金，鎏金之上又有銅綠沁。

【高 16.5 ㎝／寬 8.0 ㎝／厚 6.0 ㎝】

六朝白玉鎏金獒犬雕像

　　由白玉刻成的獒犬，趴坐狀態，寬顎，大耳，前足與兩側肩胛間有似肌肉的凸起，
示出其孔武有力之架勢。全器鎏金且有土沁與銅綠沁。

【高 11.0 ㎝／寬 5.5 ㎝／厚 3.5 ㎝】

六朝白玉鎏金獨角辟邪獸雕像

用白玉刻成的立姿辟邪獸，體形雄偉，孔武有力之狀，額上有單角，即所謂的天祿，雙側有飛翼，抬頭，挺胸，張開大嘴，露出牙齒。全器鎏金且有銅綠沁。（六朝辟邪飛翼，與漢比較，表現風格更有張力，飛翼更長，卷起弧度更大，像要起飛之狀）。

【高 11.0 ㎝／寬 6.0 ㎝／厚 3.5 ㎝

六朝白玉方相氏雕像

以白玉刻成的直立方相氏，熊首、熊尾，有漢代遺風。左手置於胸前，右手縮於胸際，似乎是準備出拳之姿，此姿勢非野生熊應有之姿態，所以斷定此雕像為方相士。全器有鎏金且有銅綠沁。

【高 10.5 ㎝／寬 5.0 ㎝／厚 3.5 ㎝

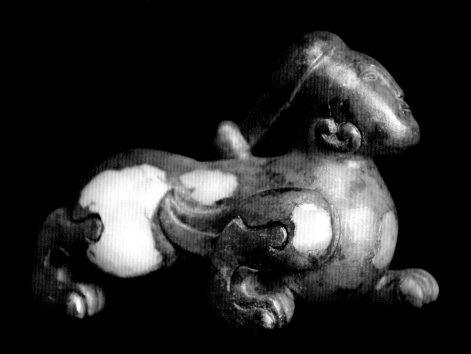

六朝白玉趴坐姿鎮墓獸雕像

　　由白玉刻成的趴坐姿鎮墓獸（註1），人首、獸身。人首有雲紋耳，鮮卑人髡髮之髮式。獸身的兩側有飛翼。全器鎏金且有銅綠沁。

【高 9.5 ㎝／寬 6.5 ㎝／厚 4.0 ㎝】

（註1）鎮墓獸應始於六朝，而盛行於隋唐。

六朝白玉鎏金朱雀雕像

　　以白玉刻成的靜態朱雀，有啄木鳥的冠羽，此冠羽與紅山文化玉雕「C」型龍的冠羽相似。而啄木鳥爲燧鳥是炎帝的圖騰。炎帝是羌族與鮮卑族的祖先。本雕像全器鎏金且有銅綠沁。

【高 11.5 ㎝／寬 6.0 ㎝／厚 4.0 ㎝】

六朝白玉鎏金祭祠跪
人雕像

　　用白玉刻成的祭祠跪人，頭戴
前卷形平頂冠飾（商代遺風）。身
穿窄袖深衣。雙腳跪地一副祭祠的模
樣。全器鎏金且有銅綠沁。

【高 10.0 cm／寬 5.0 cm／厚 2.5 cm】

六朝白玉鎏金巫師騎
獸升天雕像

　　由白玉刻成的巫師騎獸像，巫
師髡髮（此為鮮卑族的特徵），雙
手置於腰際，各帶有手鐲。獸首有雙
角，應為龍首。所以本雕像騎龍升
天，應為描述黃帝的傳說。全器鎏金
且有銅綠沁。

【高 11.0 cm／寬 4.5 cm／厚 2.3 cm】

六朝白玉鎏金巫師騎獸紋雷公錐雕像

　　用白玉刻成的巫師雕像，巫師髡髮，雙手爲鳥翼，腰部有鳥的圖紋。長嘴鳥爲其特徵，故稱此錐爲雷公錐。全器鎏金且有銅綠沁。

【長 12.5 ㎝／寬 3.5 ㎝／厚 2.0 ㎝】

六朝白玉鎏金持手鼓樂俑雕像

　　以白玉刻成的直立樂俑，髡髮，雲紋耳，身穿窄袖深衣，左襟右衽，袖口喇叭狀。雙手前伸，共持一手鼓。全器鎏金且有銅綠沁。

【高 12.5 ㎝／寬 5.0 ㎝／厚 3.5 ㎝】

六朝白玉鎏金持木魚樂俑雕像

　　由白玉刻成的直立樂俑，髡髮，雲紋耳，身穿窄袖深衣，左襟右衽，袖口喇叭狀，左手持似木魚之物，右手持木槌，好像正在敲擊的樣子。全器鎏金且有銅綠沁。

【長 13.0 cm／寬 3.5 cm／厚 3.0 cm】

六朝白玉鎏金持笙樂俑雕像

　　用白玉刻成的直立樂俑，髡髮，雲紋耳，身穿窄袖深衣，左襟右衽，袖口喇叭狀。雙手共持一笙，準備演奏的樣子。全器鎏金且有銅綠沁。

【長 12.5 cm／寬 3.5 cm／厚 3.0 cm】

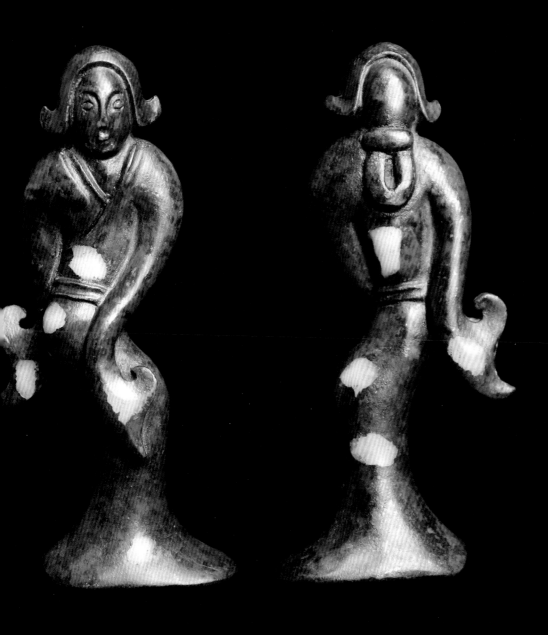

六朝白玉鎏金舞俑雕像

以白玉刻成的舞俑，髡髮，頭後方頭髮整理成圓圈形。身穿左襟右衽深衣，袖口寬大呈喇叭形。裙襬寬闊形成雕像本身的基座（此爲漢代風格）。舞俑的雙手在身體的四周揮舞著，且彎曲著身體的曲線，顯出舞姿的曼妙。全器鎏金且有銅綠沁。

【長 13.0 ㎝ ╱ 寬 5.0 ㎝ ╱ 厚 3.0 ㎝】

六朝白玉鎏金舞俑

由白玉刻成的舞俑，髡髮，頭後
方頭髮整理成尖角狀。身穿左襟右衽
深衣，窄袖，兩手相交於腹前。裙襬
寬闊形成雕像基座。舞俑彎曲著身體
的線條，顯示出曼妙的舞姿。全器鎏
金且有銅綠沁。

【長 13.0 ㎝／寬 4.0 ㎝／厚 3.2 ㎝】

六朝白玉鎏金舞俑

由白玉刻成的侍女俑，頭戴風
帽，尖頂垂於一側。身穿左襟右衽窄
袖深衣。兩手相交於腹前，一副謙恭
的模樣。全器鎏金且其上有銅綠沁。

【長 14.5 ㎝／寬 4.0 ㎝／厚 3.5 ㎝】

六朝白玉鎏金十二生肖之二牛俑雕像

由白玉刻成的直立牛俑（註2），牛頭人身，身穿寬袍大袖。作品玉質圓潤，雕工
細膩，全器鎏金，其上且有銅綠沁。

【長 11.0 cm／寬 3.0 cm／厚 2.4 cm】

註2）牛俑為十二生肖之二，本系列藏品，十二生肖之一的鼠，因缺，所以從之二的牛生肖
開始描述。

六朝白玉鎏金十二生肖之三虎俑雕像

由白玉刻成的直立虎俑，虎頭人身，身穿寬袍大袖。作品玉質圓潤，雕工細膩。全器鎏金，其上且有銅綠沁。

【長 11.3 cm／寬 3.5 cm／厚 2.5 cm】

六朝白玉鎏金十二生肖之四兔俑雕像

由白玉刻成的直立兔俑，兔頭人身，身穿寬袍大袖。作品玉質圓潤，雕工細膩。全器鎏金，其上且有銅綠沁。

【長 11.5 cm／寬 3.2 cm／厚 2.8 cm】

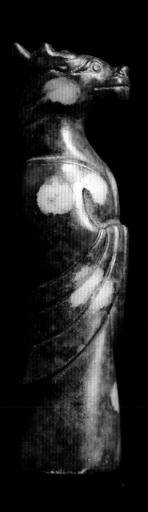

六朝白玉鎏金十二生肖之五龍俑雕像

　　由白玉刻成的直立龍俑，龍頭人身，身穿寬袍大袖。作品玉質光滑圓潤，雕工細膩。全器鎏金，其上且有銅綠沁。

【長 11.3 cm／寬 3.0 cm／厚 2.7 cm】

六朝白玉鎏金十二生肖之六蛇俑雕像

　　由白玉刻成的直立蛇俑，蛇頭人身，身穿寬袍大袖。作品玉質光滑圓潤，雕工細膩。全器鎏金，且其上有銅綠沁。

【長 11.2 cm／寬 3.2 cm／厚 2.8 cm】

六朝白玉鎏金十二生肖之七馬俑雕像

　　由白玉刻成的直立馬俑，馬頭人身，身穿寬袍大袖衣裳。作品玉質溫白光滑圓潤，雕工細膩。全器鎏金且其上有銅綠沁。

【長 11.3 ㎝／寬 3.1 ㎝／厚 3.0 ㎝】

六朝白玉鎏金十二生肖之八羊俑雕像

　　由白玉刻成的直立羊俑，羊頭人身，身穿寬袍大袖衣裳。作品玉質溫白、光滑圓潤，雕工細膩。全器鎏金且其上有銅綠沁。

【長 11.3 ㎝／寬 2.6 ㎝／厚 2.0 ㎝】

六朝白玉鎏金十二生肖之九猴俑雕像

由白玉刻成的直立猴俑，猴頭人身，身穿寬袍大袖衣裳。作品玉質潔白光滑圓潤，雕工細膩。全器鎏金，且其上有銅綠沁。鎏金脫落處有土沁，縫隙處有泥土沉積物。

【長 11.3 cm／寬 3.0 cm／厚 2.2 cm】

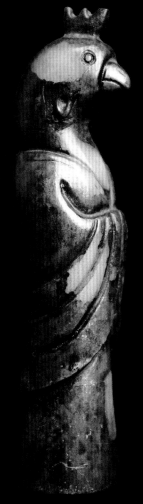

六朝白玉鎏金十二生肖之十雞俑雕像

由白玉刻成的直立雞俑，雞頭人身，身穿寬袍大袖衣裳。作品玉質潔白光滑圓潤，雕工細膩。全器鎏金且有銅綠沁。

【長 11.2 cm／寬 2.5 cm／厚 2.5 cm】

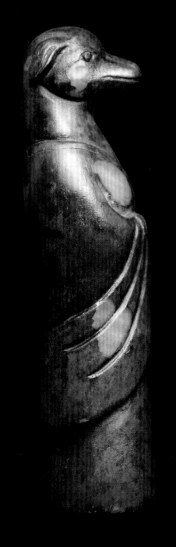

六朝白玉鎏金十二生肖之十一狗俑雕像

　　由白玉刻成的直立狗俑，狗頭人身，身穿寬袍大袖衣裳。作品玉質潔白光滑圓潤，雕工細膩。全器鎏金，其上且有銅綠沁。

【長 11.2 cm／寬 2.9 cm／厚 2.6 cm】

六朝白玉鎏金十二生肖之十二豬俑雕像

　　由白玉刻成的直立豬俑，豬頭人身，身穿寬袍大袖衣裳。作品玉質潔白光滑圓潤，雕工細膩。全器鎏金，其上且有銅綠沁。

【長 11.2 cm／寬 3.0 cm／厚 2.5 cm】

第貳拾壹章・六朝民間信仰
神像玉雕件

四件六朝民間信仰的白玉雕刻應為最早的民間神像雕刻作品，六朝時期佛道不分，漢末，佛陀像更是未有一定風格。四件神祇，衣服都是平民布衣，更顯戰亂時民間穿著，所以斷代為戰亂的東漢末，六朝初。

漢末至六朝初白玉司命雕像

　　以白玉刻成的直立司命（註1）雕像，頭戴「懸圃」冠（註2），身穿右襟左衽，窄袖寬袍衣裳，雙手懷抱幼兒，有如送子之狀。全器有明顯的黃土沁，縫隙處有泥土沉積物。

【高 30.0 ㎝／底座 6.5*5.0 ㎝】

（註1）按《莊子‧至樂篇》云，司命懷抱幼兒如後世送子之狀。
（註2）「懸圃」是指傳說中的神仙居所。在崑崙山頂有金臺、玉樓為神仙所居，也稱「懸圃」，後泛指仙境。冠外形似懸圃故稱懸圃冠。

漢末至六朝初白玉供養人雕像

　　用白玉刻成的直立供養人，有六朝的風格，頭上有一螺旋髻。身穿寬袍衣裳。雙手合十，置於胸前，一副敬拜的模樣。全器有黃土沁，縫隙處有泥土沉積物。

【高 33.0 ㎝／底座 8.5*6.0 ㎝】

漢末至六朝初白玉佛陀像

　　由白玉刻成的直立佛陀，頭頂大髻，身穿左襟右衽的上袍下裙。右手施無畏印。左手微彎置於胸前。全器有明顯的黃土沁，縫隙處有泥土沉積物。

【 高 29.0 ㎝ ／ 底座 12.5*9.0 ㎝ 】

漢末至六朝初白玉巫師雕像

　　以白玉刻成的直立巫師，頭上單一高髻，雙手舉於胸前，應是施北斗法術，亦即表示此人代表北斗太一眞君。全器有明顯的黃土沁，縫隙處有泥土沉積物。

【 高 30.0 ㎝ ／ 底座 10.0*6.0 ㎝ 】

六朝至隋白玉飛天背彈琵琶雕像

　　用白玉刻成的立姿飛天，頭上飾一單髻，上身裸露，下穿一短裙。身披天衣。左手
撐住放於背後的琵琶，右手伸向肩背後，將琵琶頂著。左腳踏在一台座上，右腳彎曲抬起。
一副正在彈奏的模樣。全器有明顯的土沁。縫隙處有泥土沉積物。

【高 21.0 ㎝ / 寬 7.0 ㎝ / 厚 2.8 ㎝】

六朝灰玉仙女雕像

由灰玉刻成的立姿仙女，面貌優雅。頭上飾有雙環靈蛇髻。身穿雙層衣，雙喇叭袖，
衫。下著袴褶褲。三隻尖嘴蚩龍立雕環繞四周。仙女身披天衣。整體雕像相當精美。
器有明顯的土沁，縫隙處有泥土沉積物。蚩龍立雕攀附於人物爲六朝風格。

【高 19.0 ㎝ / 寬 7.5 ㎝ / 厚 4.5 ㎝】

六朝青白玉騎辟邪天女雕像

　　以白玉刻成的直立天女，站在一辟邪上。天女面容清秀，頭頂後有一蚪龍。髮髻存漢之露髮式，卽以髮爲大髻，可能爲漢時的垂髻髻之遺制。身穿左襟右袵、窄袖、袖口上衣，下穿褶褲。腰間用錦帶繫紮，纏以抱腰式腰采，以便束腰。全器有明顯土沁，縫隙處有泥土沉積物。蚪龍立雕攀附於人首。

【高 20.0 ㎝ / 寬 8.0 ㎝ / 厚 4.0 ㎝】

六朝白玉巫師雕像

以白玉刻成的巫師像，有一神獸依附在其旁。巫師髡髮。身穿窄袖衣裳，袖上飾有網狀紋。袖口喇叭狀，其上有三角形紋。全器有明顯的土沁及水銀沁。

【高 12.0 cm／寬 5.5 cm／厚 2.6 cm】

六朝青玉巫師雕像

用青玉刻成的巫師像，髡髮，頭頂飾以似雞冠之頭髮，兩側有髮辮。身上有鳥翼及魚尾。雙手有如鳥爪置於胸前。背部雕以朱雀紋。巫師與朱雀結合的玉雕，應是在表現圖騰之物。全器有明顯的土沁，縫隙處有泥土沉積物。

【長 8.5 cm／寬 5.5 cm／厚 1.0 cm】

六朝青玉提籃仙女雕像

　　用青玉刻成的立姿仙女，容貌秀雅，頭上飾一Y型髻，身穿上衣下褶褲，喇叭袖口
腰間用錦帶繫紮，衣裙之間以抱腰式腰采，以便束腰。身上披一天衣。左手置於腹際，
右手提一籃。全器有白化現象。有土沁，縫隙處有泥土沉積物。

【高 18.0 cm ／寬 9.0 cm ／厚 3.5 cm】

六朝青玉交腳思維菩薩雕像

　　由青玉刻成的菩薩，面相慈悲，坐於方形台座上，頭戴髮冠，肩部有披帛，裙擺垂
至台座邊。腹部有一寶珠環，衣服的左邊與右邊在此交叉。這是北魏時期佛像的特殊風
格，菩薩的左腳在前，右腳在後，交叉於台座前方。左手置於左腳上，右手撐住頭部下方，
似在沉思、思維。整體雕像意境深遠。全器有明顯的土沁，縫隙處有泥土沉積物。

【高 18.5 cm／寬 8.0 cm／厚 5.3 cm】

六朝青玉交腳菩薩雕像

以青玉刻成的菩薩，其服裝、冠飾及台座均為龍門石窟佛像雕刻的風格。菩薩坐
台座上，右腳在後，左腳在前相交叉。右手置於右膝上，左手施無畏印。法相莊嚴。
器有明顯的土沁，縫隙處有泥土沉積物。

【 高 18.0 cm ／ 寬 8.5 cm ／ 厚 5.0 cm

漢末至六朝白玉巴蜀
地區巫師雕像

由白玉刻成的巫師像，為巴
風格，頭戴虯龍冠，髡髮，結髮
於腦後。巫師有尾部，其形狀呈茱
紋。故斷定此像為六朝雕像。胸前
衣有雙虯龍繡紋。雙手手勢呈仿北
師，且帶有手鐲。全器有土沁、朱
沁、銅綠沁，縫隙處有泥土沉積物

【 高 15.5 cm ／ 寬 6.5 cm ／ 厚 6.5 cm

六朝灰白玉巫師祭祠俑雕像

　　由灰白玉刻成的立姿巫師像，巫師髡髮，頭戴太陽紋斗冠。面貌一般，身穿飾有雲紋的錦服。裸足。雙手持璧。全器有明顯的土沁，縫隙處有泥土沉積物。

【 高 23.3 ㎝ ／ 寬 6.7 ㎝ ／ 厚 4.5 ㎝ 】

漢末至六朝灰白玉巫師雕像

　　用灰白玉刻成的直立巫師像，面貌肅穆，頭戴矮冠。身穿右襟左衽衣裳。雙肩上有氣的象徵的雲氣紋，此爲漢末時表示此人具有神仙之氣。雙手持鳥袖爲薩滿巫師與神溝通的法器。全器有部分白化現象，且具有水沁，縫隙處有泥土沉積物。

【高 20.5 cm／寬 8.0 cm／厚 5.5 cm】

六朝青玉巫師酋長雕像

　　由青玉刻成的直立巫師像，髡髮，頭戴太陽紋斗冠。身穿右襟左衽具有華麗繡紋鍛服。固定在衣服下襬有一特殊六朝風格稱爲「髩」的飾物。上衣背後飾有獸面紋，獸面紋的額頭有茱萸紋。下裳爲方格紋。腳穿雲紋皮靴。全器有部分白化現象，明顯的土沁，縫隙處有泥土沉積物。

【高 31.0 cm／寬 9.0 cm／厚 4.8 cm】

六朝碧玉佛陀立姿雕像

　　以碧玉刻成的佛陀立姿像，頭部正後方有蓮花頭光，頭上飾單髻，帶有青州風格的法相，慈悲、莊嚴。右手施無畏印，左手施與願印。身穿吳帶當風式袈裟。下擺自然下垂外翻。帶有北魏風格，腳踩圓形倒蓮基座。背面裙襬有一半橢圓形檔板，作何用未知。全器有土沁，縫隙處有泥土沉積物。

【高 39.0 ㎝ / 寬 12.0 ㎝ / 厚 12.0 ㎝】

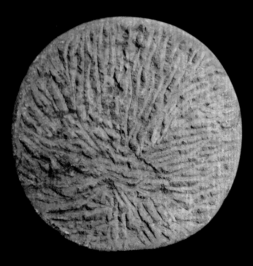

六朝碧玉佛前坐獅雕像

由碧玉刻成的坐獅，其鬃毛的螺旋髻形狀與佛陀頭上的髮髻是相似的。獅子身上瘦骨精肌的雕刻手法，開放了往後隋唐時代獅子雕像的風格。佛前坐獅的擺放方式爲佛像的左右各一獅子。另一圖爲佛像與坐獅底座的雕刻鑿痕圖像。全器有土沁，縫隙處有泥土沉積物。

【高 15.0 cm／寬 8.0 cm／厚 8.0 cm】

六朝白玉巫師仿北施法雕像

　　用白玉刻成的巫師像，髭髮，額前飾以商代形式之髮髻。身體外觀雕成葫蘆形像，應是盤葫後代。雙手下垂於腿部是爲仿北巫術的形像。身衣錦服，腰際以繩索爲腰帶。背部有獸面紋，臀部飾鳥紋。全器有明顯的土沁，縫隙處有泥土沉積物。（耳朵雕紋飾爲玉雕風格）

【高 15.5 ㎝／寬 10.0 ㎝／厚 7.0 ㎝】

六朝碧玉武官雕像

　　以碧玉刻成的跪姿武官，面貌肅穆，頭戴武士帽，大雲紋耳。雙手抱於腹前。身穿左襟右衽衣裳。此件作品最爲特殊的是全身飾有小篆文字，並以非常淺的淺浮雕來呈現。字的部分仔細磨亮，四周圍不打磨，以呈現文字更爲立體與明顯。此件作品應爲南朝作品。全器有白化現象，有土沁，縫隙處有泥土沉積物。

【高 24.0 ㎝／寬 9.0 ㎝／厚 7.0 ㎝】

六朝漢白玉武官雕像

　　由漢白玉刻成的武官，頭戴武冠，身穿圓領長袍，此爲北魏服飾之特徵。本雕像係在漢白玉雕像之上加白灰，再加彩漆，讓其更爲亮麗，以增加其莊嚴性。洞窟中之佛雕像皆是按此工序來完成作品。本武官雕像爲鎭墓俑之用途。雕工手法，一刀到底，乾淨俐落爲不可多得之藝術造詣。全器有明顯的土沁，縫隙處有泥土的沉積物。

【高 69.0 ㎝ ╱ 寬 13.0 ㎝ ╱ 厚 13.0 ㎝】

六朝漢白玉樂俑雕像

　　以漢白玉刻成的樂俑，相貌優雅、大耳朵。身穿圓領長袍，此爲北魏服飾之特徵。本雕像係在漢白玉雕像之上加白灰再加彩漆，讓其更爲亮麗以增加其莊嚴性。洞窟中之雕像，皆是按此工序完成。樂俑手持直笛，一副正在吹奏的模樣。收藏者只收集到一武官（上一件）及本樂俑。可見尚有爲數不少此類的文武百官與樂俑雕像散落各地。由作品的大氣，應可推論其爲帝王陵寢之陪葬俑。全器有明顯的土沁，縫隙處有泥土的沉積物。

【 高 69.0 cm ／ 寬 16.0 cm ／ 厚 12.0 cm 】

六朝漢白玉阿難或伽葉尊者雕像

　　用漢白玉刻成的阿難或伽葉尊者，法相慈悲，姿勢優雅，服飾端莊。台座精緻，此爲北朝精雕細琢的佛像藝術品。六朝佛像雕刻一般都是在雕像完成之後加白灰，再加彩漆。北方彩漆的成分多爲礦石類，南方彩漆，則多爲漆類。佛像通常應是設置於廟宇或石窟。本器有土沁，縫隙處有泥土沉積物。

【 高 75.0 cm ／ 寬 23.0 cm ／ 厚 23.0 cm 】

六朝黑色礦石半跏思維菩薩雕像

　　以黑色礦石刻成的菩薩像，法相慈悲，秀雅。頭後有圓形頭光，頭戴法冠。身穿彩衣，腰身有印度犍陀羅雕刻風格。左手置於右腳上，右手扶頤思維，左腳踩蓮花，右腳屈起橫放在左腿上，呈半跏倚坐，坐在玄圃台座上，其圍邊飾有五佛雕像。最底部為八角底座，座的底部用鑿成形，而非切割研磨而成。全器有土沁，縫隙處有泥土沉積物。

【高 43.0 ㎝／基座 16.0*16.0 ㎝】

六朝漢白玉半跏菩薩雕像

　　由漢白玉刻成的菩薩像，法相慈悲，秀雅。頭後有圓形頭光。頭戴法冠，身穿緊身衣，衣服下襬垂於台座上。雕像上有彩漆，尚未見的有綠漆與紅漆。菩薩左手置於右上，右手扶頤思維。左腳踩蓮花，右腳屈起橫放在左腿上，呈半跏倚坐於倒蓮台座上。下方有一方形基座，其前方飾淺浮雕蓮花與左右各一獅子。此爲隋代前之佛像雕刻風。底座的底部敲鑿成形，並非切割研磨而成。全器有土沁，縫隙處有泥土沉積物。

【高 44.0 ㎝ / 基座 17.0*14.0 ㎝】

六朝青白玉武士持宮燈雕像

　　用白玉刻成的武士像，面容肅穆，具胡人面像。頭戴頭盔，身穿兩檔衣裳。手持
燈與兩漢時的長信宮燈有相似之處。應是作爲墓主靈魂指路之用，而非實用器。而且
有左右兩尊對稱持宮燈雕像。全器有銅綠沁、泥土沁，縫隙處有泥土沉積物。

【高 19.0 ㎝ ／ 寬 12.0 ㎝ ／ 厚 8.0 ㎝

第貳拾貳章・六朝鮮卑文化玉雕

此坑鎮墓獸、佛陀、比丘尼等誇張之服飾與髮飾，

都是六朝時代之風格。

六朝青白玉早期佛陀雕像

　　由青白玉刻成的跪坐佛陀像，法相慈悲。頭部卷髮。身穿左襟右衽大袍。右手施無畏印，左手施施予印。全器有明顯的土沁，縫隙處有泥土沉積物。

【高 8.2 cm／寬 3.5 cm／厚 2.9 cm】

六朝青白玉比丘或比丘尼雕像

　　用青白玉刻成的立姿比丘或比丘尼像，身穿左襟右衽寬袍大袖錦服，其上有陰刻雲紋，代表錦服的刺繡。全器有白化現象，土沁，縫隙處有泥土沉積物，以及一些局部的紅沁。

【高 8.5 cm／寬 3.0 cm／厚 2.8 cm】

六朝青白玉比丘或比丘尼雕像

　　用青白玉刻成的比丘或比丘尼像，身穿左襟右衽寬袍大袖錦服，其上有陰刻雲紋，代表錦服的刺繡。全器有白化現象，土沁，縫隙處有泥土沉積物，以及一些局部的紅沁。

【高 8.0 cm／寬 3.1 cm／厚 2.5 cm】

六朝青玉鎮墓獸

　　以青玉刻成的鎮墓獸，人首虎身，人頭上長有單隻犀牛角。頭戴三角形笠帽（此為東漢巫師之風格）。鎮墓獸人首獸身，始於六朝（漢時多為方相氏），多為奇異之獸形。方相士與奇異獸形之結合，才演變成六朝鎮墓獸的基本外形一人首獸身。再演變成唐朝中期的唐三彩直立獸首人身的鎮墓獸。鎮墓獸首中的犀牛角是為溝通陰陽兩界的重要媒介。所以六朝鎮墓獸的獸首都有犀牛角。全器有石灰沁與紅化現象。

【 高 11.0 cm / 寬 10.0 cm / 厚 6.0 cm 】

六朝青玉老虎雕像

　　由青玉刻成的老虎像，後肢棲止於地上，前肢稍稍立起。頭部微微朝下。一雙大耳，張開大口。雄偉的肩胛肉，此為六朝老虎玉雕中常見的表達雄壯威武的雕刻方式。此坑玉雕中，老虎佔有數量最多，可知老虎為此坑墓中主人的圖騰。全器有石灰沁與紅化現象。

【 高 14.0 cm / 寬 7.0 cm / 厚 4.5 cm 】

六朝青玉老虎雕像

玉雕全身飾以雲紋來代表老虎
的羽毛。全器有紅化現象與石灰沁。

【高 13.0 ㎝／寬 7.5 ㎝／厚 3.5 ㎝】

六朝青玉老虎雕像

老虎像的頸部雕以螺旋紋來表
示老虎頸部之毛髮。全器有紅化現象
與石灰沁。

【高 13.0 ㎝／寬 7.5 ㎝／厚 3.5 ㎝】

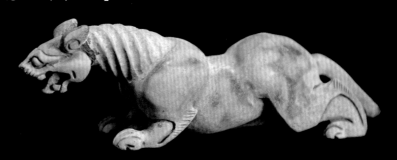

六朝青玉老虎雕像

老虎像的頸部雕以螺旋紋，表
示老虎頸部之毛髮。肩部雕有飛翼，
是為飛虎（部族圖騰）。全器有紅化
現象與石灰沁。

【高 15.0 ㎝／寬 6.0 ㎝／厚 4.2 ㎝】

六朝青玉飛虎族的圖騰物雕像

　　用青玉刻成的圖騰物，左邊為老虎，右邊為人首獸身的結合體。兩邊合在一起，成為單件玉雕，表達的是祖先與老虎的結合，而產生的這一族人。通常人獸結合為圖騰物的雕像，人與獸的交合，即為圖騰的原生。人首虎身飛翼，可算是飛虎族之祖。全器有紅化現象與石灰沁。

【高 18.0 ㎝ ／ 寬 6.5 ㎝ ／ 厚 4.3 ㎝】

六朝青玉老虎載橢圓形璧雕像

　　由青玉刻成的老虎，全身飾以陰刻的雲紋與茱萸紋，背部載有一橢圓形璧，其上以陰刻方式飾以卷雲紋（如同婦好墓出土的跪人玉雕背上的卷雲器）。本件應爲老虎族祭祠、祭天與虎族祖先之禮器。全器有石灰沁與紅化現象。

【高 15.5 cm／寬 11.5 cm／厚 3.5 cm】

六朝青玉老虎燭檯雕像

　　用青玉刻成的直立老虎，仰頭，全身飾以雲紋以及古時的太極紋。此玉燭檯應爲明器，有六朝燭檯的樣式，但應不是實用器，只作爲祭祠之用。全器有青玉紅化現象、石灰沁、土沁。

【高 11.0 cm／寬 11.0 cm／厚 4.5 cm】

六朝青玉老虎油燈雕像

以青玉刻成的老虎，後肢棲止於地上，前肢稍稍立起。頭部向上仰。全身飾以雲紋。背上雕有一油燈。整體爲玉雕老虎座油燈。本器應爲仿古銅器油燈之作，且爲明器，而非實用器。全器有紅化現象及石灰沁。

【高 11.0 ㎝ / 寬 7.8 ㎝ / 厚 5.3 ㎝】

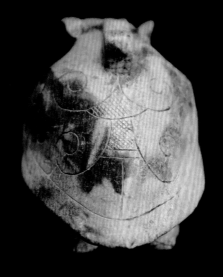

六朝青玉西宮白虎星座玉雕像

西宮白虎玉雕，戰國時爲鴟舊，鴟即爲鶚鳥，舊爲龜。古人模擬西宮白虎星座圖排列，此玉雕虎首鳥身，龜背（是天穹）。頭部爲虎首，其上有燧鳥羽冠（炎帝圖騰）。龜殼背部紋飾，有茱萸紋、雲紋。全器有石灰沁與土沁。

【高 10.0 ㎝ / 寬 6.0 ㎝ / 厚 6.5 ㎝】

六朝青玉虎王雕像

　　用青玉刻成的老虎像，頭部鬃毛旣厚且長，具有與一般老虎不同的外觀與氣勢，有領袖之風格，故稱之爲虎王。全身飾以陰刻雲紋，代表神獸之毛髮。全器有紅化現象與石灰沁。

【高 15.0 cm／寬 10.5 cm／厚 4.3 cm】

六朝青玉老虎油燈玉雕

　　以青玉刻成的老虎，背上有油燈口，只是象徵的作用，而非實用器，故此器應爲明器。全身飾以雲紋，表示老虎之鬃毛及毛髮。此器有青玉紅化現象與石灰沁。

【高 15.2 cm／寬 8.5 cm／厚 4.0 cm】

六朝青玉貴族玉雕像

　　用青玉刻成的直立貴族，頭戴大型羽冠，其上飾以淺浮雕之雲紋代表鳥的羽毛。貴族著對襟錦服，上衣下裳。方形蔽膝上四周刻有網紋邊。中間飾以茱萸紋與雲紋。全器有明顯的土沁，縫隙處有泥土沉積物。

【高 26.0 ㎝ ／ 寬 8.3 ㎝ ／ 厚 3.2 ㎝】

六朝青玉紅化負簍笒貴族雕像

　　以青玉刻成的跪姿貴族，頭戴皂帽，身穿對襟深衣錦服。背負簍笒（註1）。錦服與負簍笒皆飾以雲紋。深衣下擺中間飾以雲紋與茱萸紋。全器有青玉紅化現象。

【高 18.5 ㎝ ／ 寬 10.0 ㎝ ／ 厚 5.3 ㎝】

（註1）負簍笒像現代的背簍。

六朝青玉貴族雕像

　　由青玉刻成的跪姿貴族，頭戴
皂帽，中間有三個圓形陰刻似太陽
紋。身穿左襟右衽錦服，有蔽膝。手
持禮器。全器有很明顯的土沁，縫隙
處有泥土沉積物。

【高 20.0 cm／寬 11.5 cm／厚 5.0 cm】

六朝青白玉婦人雕像

　　用青白玉刻成的婦人像，髡髮，
梳向上的火焰髻。婦人相貌五官突
出，應為胡人貌相，但無雕雙耳。雙
手置於腹前，下裳中間有北方毛物的
圓圍。全器有紅化現象，以及土沁，
縫隙處有泥土沉積物。

【高 29.0 cm／寬 6.5 cm／厚 4.7 cm】

六朝白玉人形的巫師法器

　　以白玉刻成的巫師法器，上爲人首，下有握把。人首頭戴尖形皂帽，有帽帶繫於下顎。背後的頭髮表現出髡髮的髮式。人的身體飾以交叉的紋路。以一雙大雲紋來表示雙耳。可能爲六朝時期鮮卑族的大月氏族。全器有明顯的土沁，縫隙處有泥土沉積物。

【長 27.5 ㎝／寬 5.5 ㎝／厚 4.5 ㎝】

六朝靑白玉婦人玉雕像

　　由靑白玉刻成的婦人像，頭戴長冠，其上有茱萸紋。頭雕以三角形，但沒雙耳，身穿錦服，有襦裙小袖。下著緊身長裙，裙腰高繫。下裙中間部份，前後皆飾以雲紋與茱萸紋。下擺飾以突出的絨毛圓圈物。全器有土沁，縫隙處有泥土沉積物。

【高 13.7 ㎝／寬 3.0 ㎝／厚 2.4 ㎝】

六朝白玉上下二人直立玉雕

　　用白玉刻成的二人直立玉雕，上方的人，頭上雙髻，身穿右襟左衽，上衣下裳。背部有雲紋與茱萸紋。袖口有格菱紋，裙擺飾以山形紋。下方的人，頭戴籠冠，頭後方有髡髮髮型。（可確定上下二人，皆爲胡人）。身穿右襟左衽窄袖錦服，上衣下裳，繩紋腰帶，蔽膝飾以格菱紋。全身飾雲雷紋。本器有明顯的土沁，縫隙處有泥土沉積物。

【高 24.0 cm／寬 4.2 cm／厚 3.0 cm】

六朝青白玉持琮祭祠官員雕像

　　以青白玉刻成的官員，頭戴長冠，身穿左襟右衽深衣禮服，其上飾以雲紋，後背爲茱萸紋。官員跪姿手捧四方琮，五官突出應爲胡人但無雕雙耳。全器有土沁，縫隙處有泥土沉積物。

【高 14.0 cm／寬 4.9 cm／厚 3.5 cm】

六朝白玉官員雕像

　　由白玉刻成的官員像，五官突出，應爲胡人，但無雕雙耳。頭戴高冠，身穿大袍。右手撫摸長鬚，左手擺於身後。大袍飾以雲紋，下擺兩側則飾茱萸紋。全器有明顯水沁，縫隙處有泥土沉積物。

【高 14.5 ㎝／寬 4.7 ㎝／厚 3.4 ㎝】

六朝靑白玉紅化文官雕像

　　用靑白玉刻成的文官像，頭戴長冠。身穿大袍，其上飾以雲紋表示錦服。文官五官突出，大鼻子，應爲胡人。但無雕雙耳。全器有靑白玉紅化現象。

【高 16.0／寬 3.1 ㎝／厚 2.6 ㎝】

六朝青白玉文官雕像

　　以青白玉刻成的文官像，頭戴
長冠，身穿大袍。手持平首圭或牙
板。大袍飾以雲紋，表示錦服。後背
上下，各有茱萸紋。文官五官突出
特別雕以大鼻子，表示是西域胡人
全器有土沁，縫隙處有泥土沉積物

【 高 14.6 cm／寬 3.4 cm／厚 3.1 cm 】

六朝灰白玉比丘背璜
玉雕

　　由灰白玉刻成的比丘像，五官突
出，大鼻，無雕雙耳。身穿深衣大
袍。後背大璜。應爲祭祠禮器。比
丘最早於六朝，所以此件玉器應爲
漢末至六朝之物。全器有黃土沁
縫隙處有泥土沉積物。

【 高 8.0 cm／寬 6.0 cm／厚 2.2 cm 】

六朝青白玉高冠胡人雕像

　　用青白玉刻成的胡人像，五官突出，大鼻，無雕雙耳。頭戴高冠。頭與高冠雕成之玄月形，應是鮮卑的大月氏族或小月氏族。身穿大袍，大袍中間飾以雲紋。雲紋中間飾以方形格菱文與圓形格菱紋。全器有明顯的土沁，縫隙處有泥土沉積物。

【 高 20.0 ㎝ ／ 寬 3.5 ㎝ ／ 厚 2.3 ㎝ 】

六朝青玉商朝後裔雕像

　　以青玉刻成的商朝後裔玉跪人，頭戴皂帽。五官突出，但無雕雙耳。後背卷雲器（卷雲器見於商王玉雕像上）。由此可証本玉雕應爲商王後裔雕像。全器有青玉紅化現象，以及土沁，縫隙處有泥土沉積物。

【 高 16.5 ㎝ ／ 寬 6.7 ㎝ ／ 厚 4.5 ㎝ 】

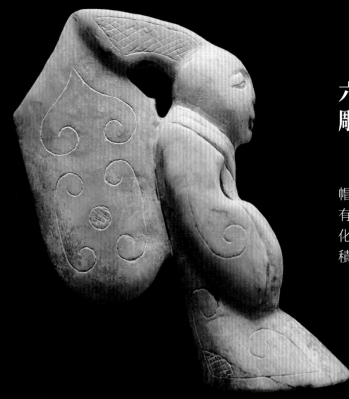

六朝青玉背玉圭文官雕像

由青玉刻成的文官，頭戴高籠帽。身穿深衣大袍，後背大圭，其上有陰刻雲紋與太陽紋。全器有青玉紅化現象，以及土沁，縫隙處有泥土沉積物。

【高 10.2 cm／寬 6.0 cm／厚 2.3 cm】

六朝青玉背璧文官雕像

用青玉刻成的文官，大鼻，五官突出，但無雕雙耳。髭髮後翹，頭戴矮帽，身穿大袍窄袖深衣。後背太極紋玉璧。全器有青玉紅化現象，以及土沁，縫隙處有泥土沉積物。

【高 11.0 cm／寬 7.0 cm／厚 2.1 cm】

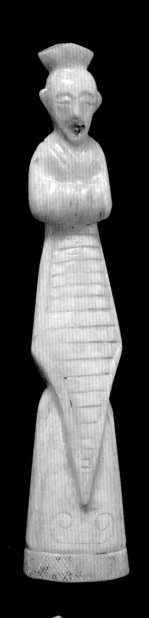

六朝青白玉文官雕像

　　由青白玉刻成的文官像，五官突出，雕有雙耳。頭戴矮帽。身穿兩襠，寬袖深衣。雙手拱於胸前。全器有土沁，縫隙處有泥土沉積物。

【高 16.0 ㎝／寬 3.3 ㎝／厚 2.1 ㎝】

六朝青白玉文官雕像

　　以青白玉刻成的文官像，五官突出，無雕雙耳。頭戴籠冠，身穿大袍。後背有卷雲器（表示是商代之後裔）。全器有土沁，縫隙處有泥土沉積物。

【高 11.0 ㎝／寬 4.0 ㎝／厚 3.1 ㎝】

六朝青玉持璜文官雕像

　　用青玉刻成的文官像，五官突
出，無雕雙耳。頭戴矮帽，身穿深衣
大袍。跪姿，雙手持璜祭祠。後背有
卷雲器（表示是商朝後裔）。全器有
青玉紅化現象，以及土沁，縫隙處有
泥土沉積物。

【高 9.0 cm／寬 5.5 cm／厚 3.5 cm】

六朝青白玉文官雕像

　　用青白玉刻成的文官像，五官
突出，有雕雙耳。頭戴尖形高帽。
身穿夾領大袍，雙手拱於腹前。衣裳
上有陰刻雲紋。背部為平面，前面尖
形，整體呈三角形。全器有青白玉紅
化現象，以及土沁，縫隙處有泥土沉
積物。

【高 19.0 cm／寬 3.3 cm／厚 2.0 cm】

六朝白玉雙舞人雕像

　　由白玉刻成的雙舞人像，頭部雕成三角形，且無雕雙耳。頭戴羊角帽。左舞人，身左襟右衽衣裳，右舞人，則是右襟左衽衣裳。兩人腰際皆繫有彩帶墜球。衣裳飾以陰雲紋。兩人左右偏倚成對。全器有表皮風化及深度白化現象，又有土沁，縫隙處有泥沉積物。

【高 18.0 cm／寬 5.5 cm／厚 2.0 cm】

六朝灰白玉部落酋長巫師雕像

以灰白玉刻成的部落酋長或巫師像，五官突出，無雕雙耳。頭戴冠，其上插有長羽毛。身穿夾領袍，雙手各持有似茱萸之物。全器土沁，縫隙處有泥土沉積物。

【高 11.0 ㎝ / 寬 2.7 ㎝ / 厚 1.9 ㎝

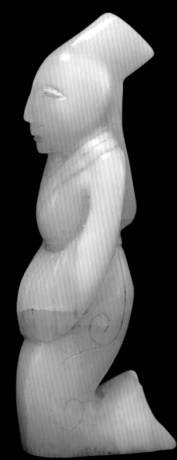

六朝白玉女玉跪人雕

由白玉刻成的女玉跪人像，五官突出，無雕雙耳。頭戴籠帽，頭髮垂於背。身穿窄袖深衣。雙手置於胸前，高高的跪姿。全器有土沁，縫隙處有泥土沉積物。

【高 9.5 ㎝ / 寬 3.3 ㎝ / 厚 2.0 ㎝

六朝青玉紅化比丘雕像

　　用青玉刻成的比丘像，無髮，五官突出，無雕雙耳。身穿大袍，雙手拱於腹前，一副恭敬貌。衣服上雕以陰刻雲紋。全器有青玉紅化現象，以及土沁，縫隙處有泥土沉積物。

【高 11.0 ㎝ ╱ 寬 4.8 ㎝ ╱ 厚 3.0 ㎝】

六朝青玉紅化比丘雕像

　　用青玉刻成的比丘像，無髮，五官突出，無雕雙耳。身穿大袍，雙手拱於腹前，一副恭敬貌。衣服上雕以陰刻雲紋。全器有青玉紅化現象以及土沁，縫隙處有泥土沉積物。

【高 12.0 ㎝ ╱ 寬 3.7 ㎝ ╱ 厚 3.4 ㎝】

六朝青玉紅化比丘雕像

　　以青玉刻成的跪姿比丘像，五
官突出，無雕雙耳。身體佝僂，背脊
彎曲似老人。身穿大袍深衣，其上飾
有雲紋。全器青玉紅化，以及土沁，
縫隙處有泥土沉積物。

【高 6.3 cm／寬 5.0 cm／厚 1.9 cm】

六朝青玉紅化比丘雕像

　　由青玉刻成的比丘像，五官突
出，無雕雙耳。身體傾前。身穿大
袍，後背有一尾狀物。全器有青玉紅
化現象，以及土沁，縫隙處有泥土沉
積物。

【高 8.2 cm／寬 3.4 cm／厚 3.4 cm】

六朝青白玉紅化比丘舞人雕像

　　用青白玉刻成的比丘像，五官突出，無髮無耳。身穿深衣，其上飾有雲紋。雙手放於右側，蹲姿，作舞蹈狀。全器有青白玉紅化現象，以及土沁，縫隙處有泥土沉積物。

【 高 6.5 ㎝ / 寬 5.1 ㎝ / 厚 2.6 ㎝ 】

六朝青白玉紅化比丘舞人雕像

　　以青白玉刻成的比丘像，五官突出，無髮無耳。身穿大袍，右手高舉於頭後，左手置於腹前，身體彎曲作舞蹈狀。衣服上飾有雲紋。全器有青白玉紅化現象，以及土沁，縫隙處有泥土沉積物。

【 高 6.5 ㎝ / 寬 5.1 ㎝ / 厚 2.6 ㎝ 】

六朝青白玉舞女雕像

由青白玉刻成的立姿舞女像，五官突出，無雕雙耳。前額無髮，髮梳於腦後，似鮮卑族之髡髮。身穿大袍，右襟左衽，窄臂寬袖口。扭曲身軀。左手擺於前腰際，至身體左側，右手上舉置於腦後，袖口上捲，正在舞蹈之姿。衣服上有陰刻雲紋。全器有青白玉紅化現象，以及白化、土沁，縫隙處有泥土沉積物。

【高 11.3 cm／寬 4.2 cm／厚 1.3 cm】

六朝青白玉舞女雕像

用青白玉刻成的立姿舞女像，五官突出，無雕雙耳。髡髮，髮束偏於右側。身穿左襟右衽大袍，其上前面飾有陰刻雲紋，後刻有茱萸紋。右手置於腰際，左手上舉，呈現跳舞狀態。全器有白化現象，以及土沁，縫隙處有泥土沉積物。

【高 12.0 cm／寬 5.5 cm／厚 1.4 cm】

六朝青白玉舞女雕像

　　以青白玉刻成的舞女像，五官突出，無雕雙耳。單束長髮擺於左側，身穿左襟右衽大袍，其上前後皆刻有雲紋。舞姿跪曲，雙手擺於兩側，正在舞蹈。全器有白化現象，以及土沁，縫隙處有泥土沉積物。

【高 7.4 ㎝／寬 5.0 ㎝／厚 1.7 ㎝】

六朝青白玉舞女雕像

　　由青白玉刻成的立姿舞女像，五官突出，無雕雙耳。髡髮。身穿夾領大袍，其上前後皆飾有陰刻雲紋。雙手置於腰際，雙袖上翹，正在舞動的狀態，全器有白化現象，以及土沁，縫隙處有泥土沉積物。

【高 9.8 ㎝／寬 5.0 ㎝／厚 1.0 ㎝】

六朝靑白玉舞女雕像

　　以靑白玉刻成的立姿舞女像，
五官突出，無雕雙耳。髡髮，單髮
束向左側飄動。身穿右襟左衽大袍，
全身陰刻雲紋。窄臂寬袖口。雙手擺
於兩側，袖口成飄逸狀。曲腰，裙襬
往上飄動。全器有靑白玉紅化現象，
也有白化，土沁，縫隙處有泥土沉積
物。

【高 12.0 ㎝／寬 7.0 ㎝／厚 2.6 ㎝】

六朝靑白玉紅化舞女
雕像

　　由靑白玉刻成的立姿舞女像，
五官突出，無雕雙耳。頭戴圓帽，
單長髻。身穿右襟左衽大袍，其上飾
有陰刻雲紋。雙手環抱於腹前。身軀
微微左偏。全器有靑白玉紅化現象，
也有白化，土沁，縫隙處有泥土沉積
物。

【高 13.7 ㎝／寬 3.1 ㎝／厚 2.0 ㎝】

六朝青白玉舞女雕像

　　用青白玉刻成的立姿舞女像，
五官突出，無雕雙耳。頭梳雙髻，
身穿右襟左衽大袍，其上飾有陰刻雲
紋。微擺身軀，呈上飄之舞狀。全器
有白化現象，土沁，縫隙處有泥土沉
積物。

【高 10.2 ㎝／寬 4.2 ㎝／厚 3.0 ㎝】

六朝青白玉紅化舞女
雕像

　　以青白玉刻成的立姿舞女像，五
官突出，無雕雙耳。身穿大袍，其上
飾有雲紋。身體微曲，右手下擺於腹
前，左手高舉於頭上，袖口呈上揚之
舞蹈狀。全器有青白玉紅化現象，白
化，土沁，縫隙處有泥土沉積物。

【高 11.0 ㎝／寬 4.0 ㎝／厚 1.5 ㎝】

六朝青白玉舞女雕像

　　由青白玉刻成的立姿舞女像，
五官突出，無雕雙耳。梳單髻向上
髮。身穿左襟右衽大袍，其上飾有陰
刻雲紋。左袖向前，右袖向後，呈
動之舞姿。全器有土沁，縫隙處有
土沉積物。

【高 14.0 ㎝ ／ 寬 4.5 ㎝ ／ 厚 2.0 ㎝

六朝青白玉舞女雕像

　　用青白玉刻成的立姿比丘尼
女像，五官突出，無雕雙耳。身
右襟左衽大袍，其上飾有陰刻雲紋
雙手置於腹前，身軀後傾，轉頭向
看，此種舞姿在古玉中尚未被發現
全器有土沁，縫隙處有泥土沉積物

【高 8.5 ㎝ ／ 寬 4.5 ㎝ ／ 厚 1.8 ㎝

六朝青白玉侍女雕像

　　以青白玉刻成的立姿侍女像，
五官突出，無雕雙耳。梳誇張的雙
束尖長髮型。雙手置於腹前，上身前
傾，呈恭敬貌。身穿左襟右衽大袍，
全身飾以陰刻雲紋。全器有青白玉紅
化現象，以及白化，土沁，縫隙處有
泥土沉積物。

【高 15.5 ㎝／寬 3.0 ㎝／厚 2.3 ㎝】

六朝青白玉侍女雕像

　　由青白玉刻成的立姿侍女像，
五官突出，無雕雙耳，梳單束高長誇
張的髡髮髮式。身穿左襟右衽大袍，
其上飾有陰刻雲紋。雙手置於腹前呈
恭敬狀。全器有白化現象，縫隙處有
泥土沉積物。

【高 15.3 ㎝／寬 3.6 ㎝／厚 1.6 ㎝】

六朝青白玉侍女雕像

　　用青白玉刻成的立姿侍女像，
五官突出，無雕雙耳。頭上梳成誇張
的幾何型髮式，應是假髮。其長度與
上身比例相同，應是爲了強調假髮的
長度，而作此特別的雕刻方式。身穿
左襟右衽大袍，其上飾以陰刻雲紋。
全器有白化現象，縫隙處有泥土沉積
物。

【高 14.3 cm／寬 4.2 cm／厚 1.9 cm】

六朝青白玉侍女雕像

　　以青玉刻成的立姿侍女像，五
官突出，無雕雙耳。髡髮，戴單束假
髮。身穿左襟右衽，窄袖臂寬袖口大
袍，其上飾有陰刻雲紋。雙手置於腹
前，呈恭敬貌。全器有土沁，縫隙處
有泥土沉積物。

【高 17.0 cm／寬 2.7 cm／厚 1.3 cm】

六朝青玉侍女雕像

　　由青玉刻成的立姿侍女像，五
官突出，有雕雙耳。頭戴長羽毛，其
長度幾乎與身體高度同。身穿左襟右
衽，窄袖胡服大袍，其上飾有陰刻雲
紋。雙手置於腹前，呈恭敬貌。全器
有土沁，縫隙處有泥土沉積物。

【高 14.3 ㎝／寬 4.2 ㎝／厚 1.9 ㎝】

六朝青白玉侍女雕像

　　用青白玉刻成的立姿侍女像，
五官突出，無雕雙耳。單束髟髮飾
於後，頭上戴刀形假髻。身穿左襟右
衽窄袖大袍，其上有陰刻雲紋。雙手
置於腹前。背腰繫有護腰。全器有土
沁，縫隙處有泥土沉積物。

【高 14.5 ㎝／寬 3.6 ㎝／厚 1.5 ㎝】

六朝青白玉白化侍官雕像

以青白玉刻成的立姿侍官像，三角形臉，五官突出，有雕雙耳，頭戴雞冠帽。身穿右襟左衽大袍。雙手共持長鞭之物。全器有白化現象，以及土沁，縫隙處有泥土沉積物。

【高 16.2 ㎝ / 寬 3.9 ㎝ / 厚 2.0 ㎝】

六朝青白玉侍女雕像

由青白玉刻成的侍女像，五官突出，無雕雙耳。頭戴雞冠帽，身穿左襟右衽上下衣裳。雙手置於腹前，呈恭敬貌，全器有白化現象，以及土沁，縫隙處有泥土沉積物。

【高 16.2 ㎝ / 寬 2.5 ㎝ / 厚 1.5 ㎝】

六朝青玉紅化侍女雕像

　　以青玉刻成的立姿侍女像，五官突出，無雕雙耳。頭上飾高長尖狀髮型。身穿左襟右衽大袍。其上有陰刻雲紋。腰際綁有圓形獸毛物。雙手置於腹前呈恭敬貌。全器有青玉紅化現象，以及白化，土沁，縫隙處有泥土沉積物。

【 高 15.5 ㎝ ／ 寬 2.6 ㎝ ／ 厚 1.7 ㎝ 】

六朝青白玉侍人雕像

　　由青白玉刻成的立姿侍人像，五官突出，無雕雙耳。頭戴籠冠，雙手置於腹前，身穿左襟右衽大袍，其前方飾有陰刻雲紋，後面則有茱萸紋。全器有青白玉紅化現象，以及白化，土沁，縫隙處有泥土沉積物。

【 高 14.8 ㎝ ／ 寬 2.9 ㎝ ／ 厚 2.1 ㎝ 】

六朝灰玉侍女雕像

　　用灰玉刻成的立姿侍女像，五官突出，無雕雙耳。頭上飾右邊□形，左邊尖刀形髮型。身穿左襟右衽，上襟下袍衣裳，雙手置於腹前呈恭敬貌。全器有白化現象，以及土沁，縫隙處有泥土沉積物。

【 高 16.5 ㎝ / 寬 2.6 ㎝ / 厚 1.9 ㎝

六朝六朝青白玉侍人雕像

　　以青白玉刻成的立姿侍人像，五官突出，無雕雙耳。頭上飾誇張的髡髮髮式。身穿左襟右衽大袍，其上飾有陰刻雲紋。背腰繫有一向上卷曲之物。全器有白化現象，以及土沁，縫隙處有泥土沉積物。

【 高 12.2 ㎝ / 寬 5.0 ㎝ / 厚 1.8 ㎝

六朝青白玉鮮卑人雕像

　　由青白玉刻成的立姿鮮卑人像，五官突出，無雕雙耳。髡髮，單長髮束飄於腦後。身穿左襟右衽大袍，其上飾有陰刻雲紋，裙擺有格菱紋。雙手置於腹前，一副恭敬狀。全器有青白玉紅化現象，白化以及土沁，縫隙處有泥土沉積物。

【高 12.7 ㎝／寬 2.8 ㎝／厚 1.5 ㎝】

六朝青白玉鮮卑人雕像

　　用青白玉刻成的立姿鮮卑人像，五官突出，無雕雙耳。髡髮長度比身體高度還長。身穿左襟右衽大袍，其上飾以陰刻雲紋與圓形太陽紋。全器有青白玉紅化現象，白化，以及土沁，縫隙處有泥土沉積物。

【高 16.5 ㎝／寬 2.6 ㎝／厚 1.9 ㎝】

六朝青玉鮮卑人雕像

　　以青玉刻成的立姿鮮卑人像
五官突出，有雕雙耳。高長的髡髮
式呈飄逸狀。身穿左襟右衽大袍，
上飾有陰刻雲紋與太陽紋。全器有
化現象，以及土沁，縫隙處有泥土
積物。

【高 13.0 ㎝／寬 2.9 ㎝／厚 1.2 ㎝

六朝青玉鮮卑人雕像

　　由青玉刻成的立姿鮮卑人像
五官突出，無雕雙耳。髡髮整理
腦後，呈下垂的卷雲器狀。身穿左
右衽大袍，其上飾有陰刻雲紋與太
紋。全器有白化現象，以及土沁，
隙處有泥土沉積物。

【高 7.8 ㎝／寬 3.0 ㎝／厚 1.7 ㎝

六朝靑白玉鮮卑人雕像

　　用靑白玉刻成的鮮卑人像，五官突出，無雕雙耳。髡髮於腦後，呈刀型卷雲狀。著深衣，其上飾有雲紋。全器有靑白玉紅化現象，白化以及土沁，縫隙處有泥土沉積物。

【高 10.4 cm／寬 8.5 cm／厚 1.5 cm】

六朝靑白玉紅化鮮卑人雕像

　　以靑白玉刻成的立姿鮮卑人，五官突出，無雕雙耳。頭戴雞冠帽，身穿左襟右衽大袍，其上飾有陰刻雲紋。全器有靑白玉紅化現象，白化，以及土沁，縫隙處有泥土沉積物。

【高 12.6 cm／寬 2.1 cm／厚 1.7 cm】

六朝青玉豬

　　用青玉刻成的玉豬，長鼻，尖形大耳，尾部為小螺旋狀尾巴，此類玉豬為最常見的六朝豬。腹部左右各有相同的淺浮雕文字，應是北魏時的文字。尾端飾有雲紋。全器有青玉紅化現象，土沁，縫隙處有泥土沉積物。

【長 37.5 ㎝／寬 5.0 ㎝／厚 4.0 ㎝】

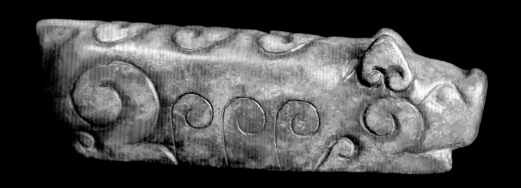

六朝青玉豬

　　以青玉刻成的玉豬，身體上有陰刻雲紋與淺浮雕的心形雲紋。雙耳亦以心形雲紋來表現。尾部成直角形，與漢八刀之握豬相似。全器有青玉紅化現象，縫隙處有泥土沉積物。

【長 8.7 ㎝／寬 2.5 ㎝／厚 1.7 ㎝】

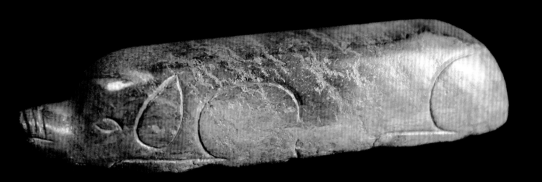

漢末至六朝玉質不辨握豬

　　用玉刻成的握豬，以漢八刀，淺浮雕之方式及工法，但雕工力道似有所不足，如雙耳、四肢。有很明顯的六朝豬之長喙。全器鈣化、質變、與紅化，以無法辨識玉質。有螞蟻腳沁。

【長 11.5 ㎝／寬 2.5 ㎝／厚 2.5 ㎝】

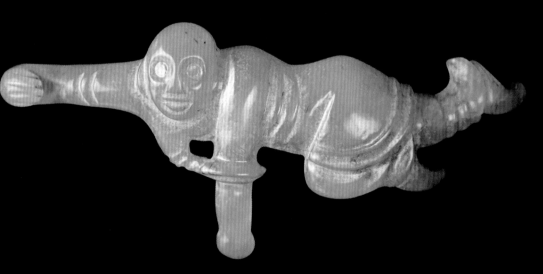

六朝青玉人形帶鉤

　　以青玉刻成的人形帶鉤，左手向下，右手前伸，手掌後握形成鉤首。左腳前屈，右腳後伸形成跳舞之姿。全器有土沁，縫隙處有泥土沉積物。

【長 12.7 ㎝／寬 5.0 ㎝／厚 2.0 ㎝】

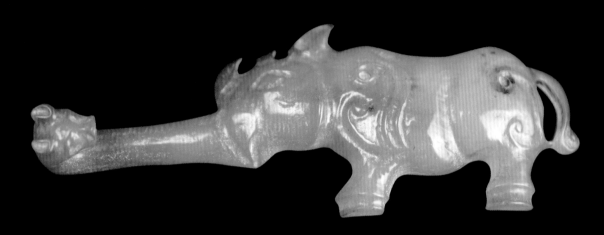

六朝青玉犀牛帶鉤

　　由青玉刻成的帶鉤，犀牛鼻往前伸，與蚩尤龍爲帶鉤柄。蚩龍首爲鉤，犀牛身上飾以淺浮雕的心形雲紋。魏晉南北朝時期，非常看重騎射，因此之故，也對玉帶鉤重視有加。全器有土沁，縫隙處有泥土沉積物。

【長 12.5 ㎝／寬 4.2 ㎝／厚 1.6 ㎝】

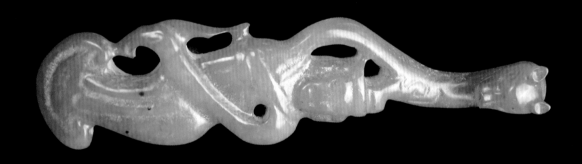

六朝青玉舞女玉帶鉤

　　用青玉刻成的玉帶鉤，舞女左襟右衽，窄袖寬袖口，頭梳髮髻，雙大耳。身體彎曲成跳舞狀。左手前擺於右側，右手向上伸。袖口爲蚩龍頭，且成爲鉤首。全器有局部青玉紅化現象。

【長 11.0 ㎝／寬 2.7 ㎝／厚 1.7 ㎝】

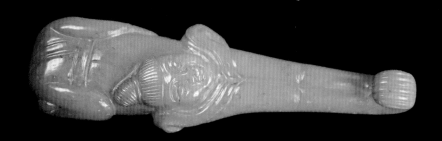

朝青玉人形帶鈎

由青玉刻成的帶鈎，以人首爲中心，雙手合併前伸，手掌後勾，形成鈎首。身體趴狀，卻貼著身體前伸，右腳前伸之後彎曲。整個玉雕呈現難得一見的帶鈎形狀。全器有一青玉紅化現象。

【長 16.0 ㎝ / 寬 4.0 ㎝ / 厚 1.5 ㎝】

朝灰玉升龍帝印

由灰玉刻成的印，以鹿角爲龍角，鳥羽爲龍鱗，茱萸紋於龍腳（茱萸紋爲六朝時代特徵），印體四周有玄武紋、飛虎紋、朱雀紋與升龍紋，合爲四靈獸（東龍、西虎、南鳳、圓）紋。印文爲一小篆「帝」字。簡潔、大方。全器有土沁，縫隙處有泥土沉積物。

【高 29.3 ㎝ / 寬 5.3 ㎝ / 厚 4.1 ㎝】

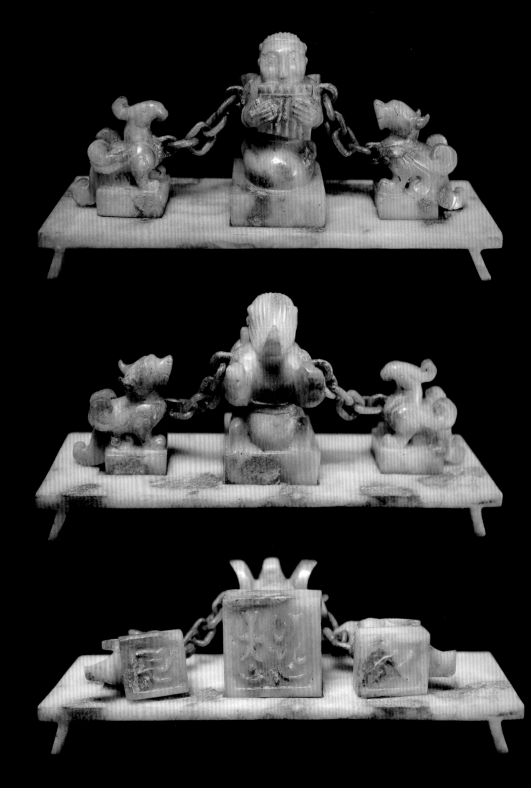

六朝青黃玉迦羅鳥神印

　　以青黃玉刻成的三件帶鈕印，置於一底座上，其間以四環的鏈子相連接。中間的
印，其鈕雕飾迦羅鳥神（飛天），髡髮，身有雙翼，坐吹排簫。左與龍犬鈕印相連
與朱雀鈕印相接。此三件雕刻品應是北狄後裔鮮卑人的遠古圖騰。（佛教與原始宗教
飛天迦羅鳥神融合的同一時代，應爲六朝這個時代。）（北狄，狄爲從犬與從鳥的伏
氏後裔）。三鈕印的印文應是鮮卑文，至於此三件鈕印的用途待查。全器有明顯的土沁
縫隙處有泥土沉積物。

【迦羅鳥神：長 9.0 ㎝／寬 4.3 ㎝／厚 4.3 ㎝
【龍犬：長／ 5.5 ㎝／寬 2.7 ㎝／厚 4.2 ㎝
【朱雀：長／ 5.5 ㎝／寬 2.7 ㎝／厚 4.5 ㎝

六朝青白玉鮮卑人雕像

　　用青白玉刻成的跪姿鮮卑人像，面相一般，髡髮，雲紋耳。身穿左襟右衽錦服，窄袖。手臂上方有一帶狀方格紋。兩手手部雕成特殊形狀，相觸於腹前。耳下髮際有穿孔，當爲穿繩配帶之用。全器有土沁，縫隙處有泥土沉積物。

【高 7.3 cm／寬 2.3 cm／厚 2.0 cm】

六朝青黃玉巫師雕像

　　以青黃玉刻成的巫師像，面容肅穆，雲紋耳，頭戴長冠（長冠最後的年代爲隋代，卽隋代爲廢除長冠之朝代）。身穿錦服。手持雷公錐。呈蹲姿。全器有明顯的土沁。

【高 8.0 cm／寬 2.2 cm／厚 2.1 cm】

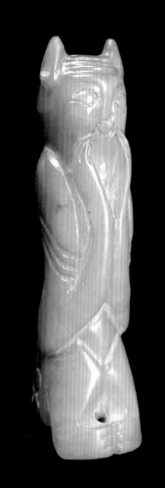

六朝青白玉虎首人身巫師雕像

　　由青白玉刻成的蹲坐巫師像，人面虎耳，髭髮，身穿錦服。手臂上有三橫紋，爲六朝服飾特徵之一。雙手置於下巴，似在呼喚之狀。兩腳之間有一小孔，應爲穿繩當珮使用。全器有明顯的黃土沁。

【高 7.5 ㎝／寬 2.0 ㎝／厚 2.0 ㎝】

六朝青白玉玉跪人雕像

　　用青白玉刻成的人物像，面相一般，雲紋耳。身穿大袍，左襟右衽，窄袖。跪姿，雙手置於膝上，一副敬拜模樣。全器有很明顯的土沁，縫隙處有泥土沉積物。

【高 7.5 ㎝／寬 2.8 ㎝／厚 2.2 ㎝】

六朝青白玉人物雕像

以青白玉刻成的人物像，面相一般，雲紋耳。身穿大袍，左襟右衽，窄袖。雙手相觸置於腹前，一副自在的模樣。全器有很明顯的土沁，縫隙處有泥土沉積物。

【高 8.2 cm ／ 寬 2.3 cm ／ 厚 2.2 cm】

六朝青白玉人物雕像

由青白玉刻成的人物像，面相一般，雲紋耳，單髻，身穿長袍，左右衽。上臂窄，喇叭袖口（此為六至唐之特徵）。下擺寬大，向後展成為人物雕像穩固之底座，是為漢六朝人物玉雕之特色。雙手作揖置腹前，一副自在的模樣。全器有明顯的土沁，縫隙處有泥土沉積物。

【高 7.7 cm ／ 寬 4.0 cm ／ 厚 2.3 cm】

六朝青白玉人物雕像

以青白玉刻成的人物像，面相端正，雲紋耳，頭頂單髻，有穿孔，適合穿繩配帶。單髻的形狀，外形似蓮花，應與佛像有關。身穿大袍，窄袖，左襟右衽衣裳。雙手置於膝前。身體呈跪姿，一副誠敬的模樣。全器有土沁，縫隙處有泥土沉積物。

【高 8.5 cm ／ 寬 3.0 cm ／ 厚 2.3 cm】

六朝青玉人物雕像

　　由青玉刻成的直立人物像，髡髮，其樣式是一撮頭髮往上衝。雲紋耳。身穿鎧
前後皆是有獸面紋與回紋。後腦勺呈現典型六朝髡髮樣式。臉型五官，只以微微浮
方式來刻劃，並未以立體雕刻來表達。手臂成三角形狀，置於腹前，飾以平行紋綜
腰部繫以繩狀的腰帶。全器有土沁，縫隙處有泥土沉積物。

【 高 32.0 cm／寬 5.5 cm／厚 4

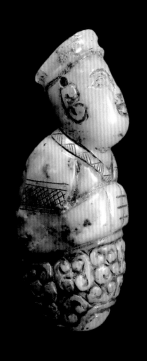

六朝青白玉人物雕像

　　由青白玉刻成的人物，相貌一般，雲紋耳，頭戴矮冠，身穿錦服（六朝時，通常以雲紋來表示錦服）。雙手作揖，置於腹前。手臂上有一帶狀方格紋。此為六朝服飾的特徵。耳朵上有一穿孔，可作為穿繩佩帶之用。全器有土沁，縫隙處有泥土沉積物。

【高 8.0 ㎝ ／ 寬 3.0 ㎝ ／ 厚 1.7 ㎝】

六朝白玉鮮卑圖騰雕像

　　用白玉刻成的鮮卑圖騰雕像，髮，以鳥羽為手，應是羽人。左邊犬圖騰，右為鳥圖騰，應可視為狄的犬鳥融合圖騰。此玉雕亦應是鮮人的圖騰像。全器有土沁，縫隙處泥土沉積物。

【高 8.5 ㎝ ／ 寬 4.0 ㎝ ／ 厚 3.0 ㎝】

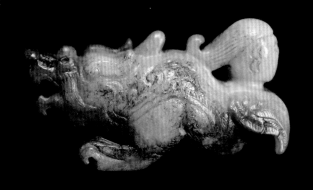

六朝白化玉質不辨巫師紋系璧

　　以玉刻成的系璧，其上飾有巫師像。身穿窄臂喇叭袖，誇張成兩側的羽紋。且巫師立於雙虎之上。全器白化，無法辨識玉質。縫隙處有泥土沉積物。

【高 6.8 ㎝ ／ 寬 6.8 ㎝ ／ 厚 0.3 ㎝】

六朝青玉胡人紋系璧

　　用青玉刻成的系璧，飾雙胡[人]
於蓮花上，跳胡人彩帶舞，由於[蓮]
花顯示出當時的時代背景具有佛教[風]
格，所以斷代本系璧爲六朝之物。[最]
上方中央處，飾瑞鳥銜綬帶，下方[中]
央部份爲豹紋。本系璧整個的描述[即]
爲胡人意境。全器有明顯的土沁，[縫]
隙處有泥土沉積物。

【長 6.5 cm ／寬 6.5 cm ／厚 1.0 c[m]】

六朝青玉力士擧鼎[與]
鳳鳥紋系璧

　　由青玉刻成的系璧，最頂的[上]
方飾華蓋，再往下，左右各一鳳鳥[銜]
綬帶，意爲帶來好運，下方爲力士[擧]
鼎，四周飾以荷花紋。全器有明顯[的]
土沁，縫隙處有泥土沉積物。

【長 6.2 ／寬 6.2 cm ／厚 0.6 c[m]】

六朝青玉雙武士雙鳳鳥紋系璧

以青玉雕成的系璧，上方飾雙鳳鳥銜綏帶，兩側爲武士執槍立於老虎之上。全器有明顯的土沁，縫隙處有泥土沉積物。

【長 6.3 cm／寬 6.3 cm／厚 0.6 cm】

六朝青白玉巫師雕像

以青白玉刻成的巫師像，髡髮。蹲坐姿勢，雙手支撐著下顎。身穿以雲紋爲代表的服。上臂飾有三橫線（此爲六朝時的特殊風格），由頭頂至尾端有一穿孔，做爲穿繩戴之用。全器有明顯的土沁，縫隙處有泥土沉積物。

【高 4.8 cm／寬 2.4 cm／厚 1.6 cm】

六朝白玉巫師雕像

　　用白玉刻成的巫師像，髮髮，雙髮髻。身穿以雲紋爲代表的錦服。虎臂虎爪，蹲坐反臂向後支撐，整個的反臂造形，應爲仿舜巫法，舜的形象是反臂，是虎族。故作如是推斷。雕像由頭頂至尾端有一穿孔，作爲穿繩配帶之用。全器有明顯的土沁，縫隙處有泥土沉積物。

【 高 4.5 ㎝ / 寬 2.5 ㎝ / 厚 2.0 ㎝ 】

六朝白玉巫師雕像

　　由白玉刻成的巫師像，髮髮身穿以雲紋爲代表的錦服。虎臂爪，蹲坐反臂向後支撐，整個的反造形，應爲仿舜巫法，舜是虎族，形象是反臂，故作如是推斷。雕像頭頂至尾端有一穿孔，作爲佩戴用。全器有明顯的土沁，縫隙處有土沉積物。

【 高 4.8 ㎝ / 寬 1.9 ㎝ / 厚 1.5 ㎝

六朝白玉巫師雕像

　　用白玉刻成的巫師像，髡髮。
身上飾有虎紋、飛翼，應爲商代飛虎
族之後裔。整個雕像並無穿孔。全器
有很明顯的土沁，以及白化現象。

【高 5.0 cm／寬 3.3 cm／厚 2.0 cm】

六朝白玉巫師與鱷魚
連體雕像

　　以白玉刻成的巫師像，一端，
雕以人首獸身的巫師，另一端則雕以
鱷魚的身與尾。而鱷魚的身體兩側飾
以雲紋。本雕像應是圖騰的組合像。
全器有很明顯的土沁，隙縫處有泥土
沉積物。

【高 5.8 cm／寬 3.1 cm／厚 1.7 cm】

六朝白玉武人雕像

　　由白玉刻成的武人，頭戴武冠，
其上穿孔作爲穿戴用。身穿以雲紋爲
代表的錦服。探忌坐之姿。手臂上有
三條橫紋，此爲六朝時的特殊風格。
全器有很明顯的土沁，縫隙處有泥土
沉積物。

【高 4.5 cm／寬 1.9 cm／厚 1.6 cm】

六朝白玉迦樓羅鳥神雕像

用白玉刻成的迦樓羅鳥神，髭髮，有一雙飛翼，但無雙手。採蹲坐之姿。身後有鳥尾。全身飾以雲紋。整個雕像有明顯的土沁，縫隙處有泥土沉積物。

【高 5.0 cm／寬 4.5 cm／厚 1.8 cm】

六朝白玉巫師與鱷魚連體雕像

以白玉刻成的巫師像，一端，雕以人首獸身的巫師，另一端則雕以鱷魚的身與尾。而鱷魚的身體兩側飾以雲紋。本雕像應是圖騰的組合像。全器有很明顯的土沁，隙縫處有泥土沉積物。

【高 5.8 cm／寬 3.1 cm／厚 1.7 cm】

六朝青白玉巫師紋劍珌

以青白玉刻成的劍珌，左右兩邊各飾一巫師，巫師髭髮，身上有飛翼，其身為龍身，且相連成璜形，璜中間飾有獸面紋。全器有明顯的土沁，縫隙處有泥土沉積物。

【長 7.0 cm／寬 4.2 cm／厚 1.0 cm】

六朝青白玉迦樓羅鳥神雕像

　　用青白玉刻成的迦樓羅鳥神像，髡髮，頭戴武冠，雙手合十於胸前。背有雙翼，且以鏤雕方式飾以璃珠龍雀紋。尾部飾以茱萸紋。全器有明顯的土沁，縫隙處有泥土沉積物。

【長 7.0 ㎝／寬 7.0 ㎝／厚 1.0 ㎝】

六朝白玉巫師雕像

　　由白玉刻成的蹲坐巫師像，頭髮樣式奇異。巫師的雙手飾成鳥爪且舉於胸前。雙臂飾以鳥翼。全器有明顯的土沁，縫隙處有泥土沉積物。

【長 7.2 ㎝／寬 3.6 ㎝／厚 1.5 ㎝】

形似卷雲紋，表現出六朝時氣之神韻。右手有鳳袖，左手有龍袖，應為巫師的道袍或法

六朝白玉巫師雕像

　　用白玉刻成的巫師像，髻髮。身穿大袍，束一寬腰帶。大袍的雙側下擺往上卷起，形似卷雲紋，表現出六朝時氣之神韻。右手有鳳袖，左手有龍袖，應為巫師的道袍或法器。背後頭部的頭髮，飾一細長的辮子下垂至腰際，為極特別的髻髮樣式。全器有土沁，縫隙處有泥土沉積物。

【長 13.3 ㎝ ╱ 寬 5.2 ㎝ ╱ 厚 1.0 ㎝】

六朝青玉巫師雕像

　　以青玉刻成的巫師像，頭頂髡髮。身穿大袍衣服，束一寬腰帶。大袍的雙側下擺往上卷起，形似卷雲紋，表現出六朝氣之神韻。右手有鳳袖，左手有龍袖。大袍飾以雲紋，弋表爲巫師華麗的錦服。背面頭部髡髮之樣式極爲特殊，可作爲斷代爲六朝之辨別依據。全器因地熱而產生部分雞骨白的現象。此外還有土沁，縫隙處有泥土沉積物。

【長 7.8 cm／寬 4.0 cm／厚 1.1 cm】

六朝白玉婦女雕像

　　由白玉刻成的婦女像，頭戴鴨形髻，此種髮髻只流行於六朝的時候。婦女身穿大袍，交領。下裙飾以茱萸紋。背部頭髮之樣式極爲特殊。此種髡髮可作爲斷代爲六朝之佐証。全器有明顯的土沁，縫隙處有泥土沉積物。

【長 7.8 cm／寬 2.0 cm／厚 1.0 cm】

六朝白玉婦女雕像

　　用白玉刻成的婦女像，髡髮。身穿大袍交領錦服（以雲紋來表示）。窄袖，袖口喇叭狀，喇叭袖口處飾以茱萸紋。臀部飾以網紋。背面頭部之樣式，極為特殊，可作為斷代為六朝之物的辨別依據。全器有明顯的土沁，縫隙處有泥土沉積物。

【長 8.0 cm／寬 3.2 cm／厚 0.9 cm】

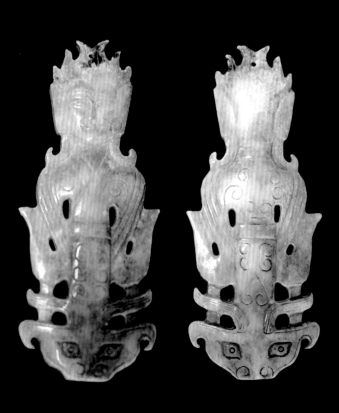

六朝白玉巫師騎獸首雕像

　　以白玉刻成的巫師像，怒髮上衝。大耳，髡髮於頭部兩側。身穿大袍，衣服飾以雲紋，代表華麗之錦服。雙袖往上卷起飾六朝時之氣的表現方式。腳踩牛首，應為代表騎神獸升天之意。全器有很明顯的土沁，縫隙處有泥土沉積物。

【長 8.5 cm／寬 3.5 cm／厚 0.9 cm】

六朝青白玉巫師騎神獸雕像

　　用青白玉刻成的巫師像,巫師抹額(註1),髡髮。身穿左襟右衽衣裳,窄袖。插手於腹前。立於牛的正面扁平相之上。整體雕像狀如騎神牛升天。巫師的雙側飾以鳥紋。衣服上的雲紋,代表華麗之錦服。全器因地熱而產生白化現象,且有土沁,縫隙處有泥土沉積物。

【長 8.0 ㎝ / 寬 4.0 ㎝ / 厚 1.0 ㎝】

(註1)梁後主武平年間,令宮人以白布紮額,狀如喪服,形成風潮,即類似後代之抹額。

六朝青黃玉婦女雕像

　　由青黃玉刻成的直立婦女像，頭戴鴨形髻，此種髮髻只見於六朝。婦女身穿大袍錦服（以雲紋飾之）。頭後方與背部飾以龍鱗紋。全器有些白化現象以及土沁。縫隙處有泥土沉積物。

【長 6.8 ㎝ ／ 寬 2.3 ㎝ ／ 厚 1.2 ㎝】

六朝青黃玉舞女雕像

　　以青黃玉刻成的舞女像，頭飾側邊螺旋髻，然而漢代時之舞女玉雕常飾側邊螺旋髻與本件類似。舞女身穿右襟左衽衣裳，窄袖，袖口喇叭狀。全身飾以雲紋爲代表的華麗錦服。全器有土沁。縫隙處有泥土沉積物。此外陰刻線條有白化現象。

【長 5.9 ㎝ ／ 寬 4.9 ㎝ ／ 厚 1.1 ㎝】

六朝白玉龍首歲俑雕像

　　用白玉刻成的直立歲俑像，龍首，頭上飾有雙角，突眼，張開大口，露出雙排的牙齒。雙手置於臉頰兩側，握有物體。全身飾以淺浮雕之雲紋。整個雕像有很明顯的土沁，縫隙處有泥土沉積物。

【高 6.5 ㎝ ／ 寬 3.3 ㎝ ／ 厚 1.6 ㎝】

六朝白玉胡人舞女雕像

　　以白玉刻成的直立舞女像，五官相當突出鮮明，有胡人的明顯特徵。身穿窄袖錦服，肩上有披帛。全器有土沁，縫隙處有泥土沉積物。

【高 6.8 ㎝ ／ 寬 2.3 ㎝ ／ 厚 1.6 ㎝】

六朝白玉侍女雕像

　　由白玉刻成的直立侍女像，頭
飾雙鴨髻，肩上有披帛。手持碁子
芳褥（註2）。全器有明顯的土沁，
縫隙處有泥土沉積物。

【高 6.4 cm／寬 1.8 cm／厚 1.5 cm】

（註2）齊梁時文人流行的四種事物，
即長簷車、高齒屐、斑絲隱囊（靠枕）
和碁子芳褥（隨時可坐於地上長談的坐
具）。

六朝白玉虎首方相士
雕像

　　以白玉刻成的方相士像，虎首人
身，全身飾以淺浮雕之雲紋。從頭頂
至尾部，有一穿孔，作為穿繩佩飾之
用。全器有明顯的土沁，縫隙處有泥
土沉積物。

【高 4.7 cm／寬 3.4 cm／厚 2.5 cm】

六朝白玉熊首方相士雕像

　　用白玉刻成的方相士像，熊首人身，全身飾以淺浮雕之雲紋。從頭頂至尾部有一穿孔，作爲穿繩佩飾之用。熊的臉部有銅綠沁，身軀上有褐沁。

【高 4.6 ㎝／寬 2.9 ㎝／厚 2.9 ㎝】

六朝靑玉鎭墓獸雕像

　　由靑玉雕成的鎭墓獸像，人面獸身，頭上長有犀牛角及一對虎耳。全身飾有雲紋與龍鱗紋。整個雕像有明顯的土沁，縫隙處有泥土沉積物。

【高 8.0 ㎝／寬 5.5 ㎝／厚 2.5 ㎝】

六朝靑玉羊梟雕像

　　用靑玉雕成的直立羊梟像，鳥形，頭部雕以卷形雙羊角。梟身飾以淺浮雕之雲紋。本雕像應是羊族與梟鳥族（商代後人）的雙圖騰結合體。全器有明顯的土沁及白化現象。

【高 6.3 ㎝／寬 3.5 ㎝／厚 1.8 ㎝】

六朝青白玉跪人雕像

以青白玉刻成的跪人像，髡髮，前髮向上梳翹，手臂上飾有格菱紋。身穿以雲紋為代表的錦服。窄袖。手指並排，形成特殊的三角形狀。從頭部至底部有一穿孔，應作為佩帶用。全器有白化現象以及土沁。縫隙處有泥土沉積物。

【高 8.0 cm／寬 3.0 cm／厚 2.3 cm】

六朝青白玉跪人巫師雕像

用青白玉刻成的跪坐巫師像，髡髮，虎牙，雙眼如日。額頭中部有菱形方格紋。以雲紋來代表鼻子。雙手手指併合成三角形，為本雕像之特色。全器有白化現象，以及土沁，縫隙處有泥土沉積物。

【高 5.0 cm／寬 4.8 cm／厚 4.8 cm】

六朝青玉舞人雕像

以青玉刻成的舞人像，頭梳向上長髻。由臉上的長鼻來判斷，應是胡人。頭部未雕雙耳。身穿左襟右衽長袍。雙手扶膝，採蹲姿之勢。手上有長條狀的格菱紋。衣服上飾以雲紋。全器有白化現象，以及土沁，縫隙處有泥土沉積物。

【高 9.8 cm／寬 3.5 cm／厚 3.0 cm】

六朝青玉帶風帽胡人雕像

由青玉刻成的直立胡人像，五官突出，長鼻，無雕雙耳。身穿左襟右衽寬袍、窄袖，喇叭袖口的衣裳。雙手置於腹前。上臂部有斜方形格菱紋。全器有白化現象，以及土沁，縫隙處有泥土沉積物。

【高 12.3 ㎝／寬 2.7 ㎝／厚 1.1 ㎝】

六朝青白玉龍紋短筒鐲

用青白玉雕成的短筒鐲，以三個龍的圖騰來連接上下相疊的二個環。龍的圖騰為一首雙尾龍。龍身上有斜方形格菱紋。每個環上飾有六個雲龍紋，因此上下二環，只有十二個雲紋龍首。全器有白化現象，以及土沁，縫隙處有泥土沉積物。

【長 8.3 ㎝／寬 8.3 ㎝／厚 2.4 ㎝】

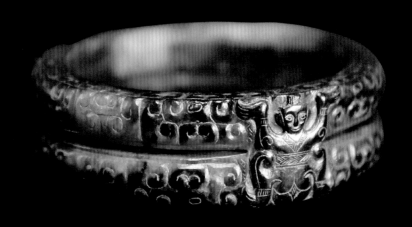

六朝青白玉力士紋短筒鐲

由青白玉雕成的短筒鐲，以三個力士紋雕像來連接上下相疊的二個環。力士雙手上舉，似乎在立地舉天。身穿窄袖夾領衣裳。寬腰帶，下擺飾以茱萸紋。雙手手指合併成三角形。每個環飾有六個雲龍紋，因此上下二環共有十二個雲紋龍首。全器有褐色沁與水銀沁。

【長 8.3 ㎝ / 寬 8.3 ㎝ / 厚 2.4 ㎝】

六朝青白玉跪姿胡人雕像

以青白玉刻成的跪姿胡人像，頭梳單髻，濃眉大眼，翹鬍子。全身飾以雲紋。雙手合併成三角形，置腿上。全器有土沁，縫隙處有泥土堆積物。本胡人雕像，類似阿爾泰民族的石雕像（註3）。

【高 7.8 ㎝ / 寬 3.3 ㎝ / 厚 3.2 ㎝】

（註3）如今還散佈在阿爾泰地區的大型石人雕像，年代大約為公元六世紀至九世紀。可能為當時的鞬靼人或突厥人。新疆石人主要分佈在天山北麓、阿爾泰山南麓、准噶爾盆地周邊，及伊犂河、額爾濟斯河流域的草原地帶。參閱《西域藝術》一書，穆舜英 主編/馨出版社。

六朝青玉跪姿胡人雕像

　　用青玉刻成的胡人像，跪姿。
梳單高髻，髡髮。濃眉大眼。翹鬍，
五官突出。雙手合併置於腿部。前胸
雕以一雙小小的圓圈以代表胸部。意
即表示跪人全身裸露。全器有白化現
象，以及土沁，縫隙處有泥土沉積
物。

【高 11.7 ㎝／寬 2.8 ㎝／厚 2.7 ㎝】

六朝青白玉雙髻女胡
人雕像

　　由青白玉刻成的胡人像，頭部
上方飾以雙髻，身穿夾領窄袖大袍。
下裙裙襬雕以褶紋。雙手置於腹前。
本件與上圖胡人雕像同坑，卻無鬍
子，所以上圖為男胡人，此玉雕應為
女性胡人。全器有白化現象，以及土
沁，縫隙處有泥土沉積物。

【高 13.0 ㎝／寬 3.2 ㎝／厚 2.9 ㎝】

六朝青白玉單髻女胡人雕像

　　由青白玉刻成的胡人像，頭部
上方飾以單髻。身穿夾領窄袖大袍。
下裙裙襬雕以褶紋。雙手置於腹前。
本件與左面胡人雕像同坑，所以左
面爲男胡人，此玉雕應爲女性胡人。
全器有白化現象，以及土沁，縫隙
處有泥土沉積物。

【高 12.6 ㎝ ／ 寬 3.0 ㎝ ／ 厚 1.5 ㎝】

六朝青白玉帝王之車（軺車）組合雕像

　　以青白玉刻成的組合軺車（註4），分成車體、一馬四、一車伕與一帝王共四件。
車的傘蓋上雕以鳳鳥，蓋面飾以龍紋與蚩龍紋。車體四周以淺浮雕飾以獸面紋。兩旁左
輢爲龍紋。右輢爲蚩龍紋。桯雕以龍紋。車的兩側之轅刻以龍頭。馬軛與轅爲一體。馬
軛可以活動。整個組合雕像有水銀沁與土沁。

【高 30.0 ㎝ ／ 寬 22.0 ㎝ ／ 厚 13.0 ㎝】

（註4）軺車應爲外國國王或高官到達中原國之城外，進城時所換坐之禮賓車。

六朝青白玉胡人雕像

　　用青白玉刻成的胡人雕像，右邊的跪坐胡人為馬伕，頭上飾一單髻，髡髮，翹鬍子。身穿左襟右衽衣裳。左邊的胡人為帝王，亦有翹鬍子，頭上戴冕冠，坐於馬車上的軟枕之上。兩人都是阿爾泰地區的胡人。應是韃靼人或突厥人。全器有水銀沁、土沁，縫隙處有泥土沉積物。

【馬夫長：高 5.0 ㎝／寬 3.0 ㎝／厚 2.2 ㎝】
【帝王長：高 5.6 ㎝／寬 3.5 ㎝／厚 2.3 ㎝】

六朝青白玉龍馬雕像

　　用青白玉刻成的龍馬像，馬的四肢雕以連雲紋，表示為不凡品種之馬。本雕像以蹲踞之勢來表達，本馬似為即將奔跑之狀。全器有水銀沁與土沁。

【高 14.5 ㎝／寬 7.0 ㎝／厚 4.3 ㎝】

六朝青白玉軺車背面

用青白玉刻成的安車，其背面
飾以獸面紋，雙角、龍眼、大口、四
顆尖牙。全器有白化現象，土沁，縫
隙處有泥土沉積物。

【高 30.0 ㎝ ／ 寬 22.0 ㎝ ／ 厚 13.0 ㎝】

六朝青玉虎族祖先圖
騰像

用青玉刻成的直立雕像，人首
虎耳。雙手相觸置於胸前。身穿左衽
右衽錦服大袍，寬幅腰帶。大袍以雲
紋來代表刺繡的錦服。下擺飾以獸面
紋，可見衣服之華麗。全器有明顯的
土沁，縫隙處有泥土沉積物。

【高 260 ㎝ ／ 寬 3.8 ㎝ ／ 厚 3.0 ㎝】

胡青黃玉片狀剪紙紋舞女雕像（註5）

以青黃玉刻成的直立舞女像。舞女右手上舉，左手向下揮擺，此為當時代的舞姿，
薄薄的玉片來表達此舞人的美妙形態，舞女只見人首，其餘部分以剪紙的方式來雕
上舉之右袖，袖口雕有戴風帽的胡人與老虎共舞。右臂飾以老虎紋，胸口飾以朱雀
左手臂刻有一胡人羽人撫摸老虎頭部。胡人的後方雕以飛虎。左袖口飾以伏羲或女
像。裙襬刻有鳥、羊、牛、虎等八種獸紋。全器有土沁。

【長 21.8 cm／寬 10.8 cm／厚 0.2 cm】

5）本雕像為一對左右相對稱的右邊舞女像。

六朝青白玉戴長冠文官雕像

以青白玉刻成的直立文官像，頭戴長冠（長冠始於戰國時的楚國而在隋朝時被廢止。六朝時尚延用漢朝時的官帽）。眼睛爲橫長狀，這是在六朝時典型的雕刻手法。全器有白化現象以及土沁。

【高 7.7 cm／寬 1.6 cm／厚 1.4 cm】

六朝青白玉舞女雕像

用青白玉刻成的直立舞女像，頭上飾丫形髻。眼睛雕法爲六朝之風格。身穿窄袖襦裙或杉裙，領口寬大成袒胸狀。此爲六朝至唐之服飾。全器有白化現象。以及土沁，縫隙處有泥土沉積物。

【高 7.5 cm／寬 1.5 cm／厚 1.0 cm】

六朝青白玉羽林虎賁軍俑雕像

由青白玉刻成的直立羽林虎賁軍俑，角冠爲其特殊之樣式（註6）雙手舉於胸前。眼睛雕刻成細長狀，爲六朝時之特色。全器有明顯的土沁，縫隙處有泥土沉積物。

【高 6.1 cm／寬 1.3 cm／厚 1.2 cm】

（註6）羽林虎賁軍爲由皇帝親自統領的皇家禁衛軍，是北魏國防的核心力量。

六朝青白玉翁仲雕像

　　以青白玉刻成的直立翁仲（註7）像，爲一老者，頭戴平冠。細長狀的六朝風格的眼睛。長長的鬍鬚。身穿大袍。翁仲冠上有一穿孔，用於配戴。六朝時之翁仲的形象，較爲具象。有別於漢朝時之漢八刀樣式。全器有白化現象，以及土沁，縫隙處有泥土沉積物。

【高 6.4 ㎝／寬 1.0 ㎝／厚 1.0 ㎝】

（註7）漢朝辟邪三寶爲剛卯、翁仲與司南佩。翁仲在漢朝時較爲流行，是一種常使用於辟邪的配飾。

六朝青白玉佛陀講道雕像

　　由青白玉刻成的佛陀像，頭上單髻，佛陀的眼睛細長，此種雕刻方式可作爲辨識六朝作品之典範。身穿左襟右衽大袍。下袍以曹衣出水（註8）之雕法來表現衣服之樣式。佛陀雙手扶一講桌，（此類講桌爲六朝時講道之道具。當時各種學術發達，說經講道時常用的講桌）。全器有白化現象及鐵沁。

【高 5.8 ㎝／寬 2.7 ㎝／厚 2.5 ㎝】

（註8）由曹仲達創造的中國古代人物褶文畫法之一。

六朝青玉比丘玉雕像

　　以青玉刻成的直立比丘像，身穿圓領通袍（註9）衣裳，背部有二字，上字爲北魏
文字，下字爲蟲字。下擺飾以回紋。胡僧雙手合十。全器有黃土沁，縫隙處有泥土沉積物，
以及局部的地方有黑色水銀沁。

【高 27.0 cm／寬 8.0 cm／厚 4.0 cm】

（註9）圓領通袍之最後年代爲北魏（參考《中國金銅佛像》第 24 頁，蔡志忠 著）。

六朝青玉文官雕像

　　由青玉刻成的文官雕像，文官頭戴幞頭，身穿右襟左衽大袍。手持尖首圭，爲胡人朝官，此胡人朝官應是六朝時北方之胡人官員。全器有明顯的土沁，縫隙處有泥土沉積。

【高 17.0 ㎝ / 寬 4.5 ㎝ / 厚 3.0 ㎝】

六朝青玉舞女雕像

　　用青玉刻成的舞女像，頭上飾側邊螺旋髻，身穿左襟右衽上襟下裳，袖口寬大，束腰之衫裙。本玉舞女爲仿漢舞女雕像，青玉質，外施加以石膏再彩黃金漆，此作工程及常用於六朝時之佛像雕刻。玉雕相當沉重，且其上有一穿孔，應是固定帳棚之壓繩物且雕像係黃金色，相當貴氣，應爲王室使用之物。全器有明顯的土沁。

【 高 41.0 ㎝／寬 30.0 ㎝／厚 5.0 ㎝

第貳拾參章・六朝青州龍興寺
飛天石雕像

六朝青州石雕持琵琶飛天像（註1）

　　由本件石雕應屬於大件佛雕像之佛光部份的飛天雕像之一。飛天雙手持琵琶，正在彈奏。身穿彩衣披帛，隨風上飄，形成六朝之氣的風格。青州石，石質細膩，有玉的質感，再施以彩漆。彩漆已剝落，尚存石灰底紅漆。

【長 18.0 ㎝／寬 14.5 ㎝／厚 7.5 ㎝】

（註1）參考《青州龍興寺佛教造像藝術》一書，山東美術 出版社／王華慶主編。

六朝青州石雕持古琴飛天像

　　本件石雕應屬於大件佛雕像之佛光部份的飛天雕像之一。飛天雙手持古琴。身穿彩衣披帛，隨風上飄，形成六朝之氣的風格。青州石，石質細膩，有玉的質感，再施以彩漆。彩漆隨著年久歲月，已剝落，尚存石灰底紅漆。

【長 18.0 ㎝／寬 14.5 ㎝／厚 7.5 ㎝】

第貳拾肆章・六朝雲岡石窟風格

飛天玉雕件

六朝青黃玉飛天雕像概述：本書中所列廿二件六朝青黃玉飛天雕像，應該是同一來源，玉質相同，皆為青黃玉，且皆有褐色沁。玉質光滑細膩。雕刻手法，以一面鏤空雕刻，另一面扁平無雕，應是鑲嵌於某器物上或其他用途。

雕刻師傅以強而有力的三角形狀來表現出整體的外形，並以利刀劈削式的旋轉斜邊，互相形成尖稜來呈現出天衣的飛飄狀態，突顯出六朝獨特藝術上，氣的表現，外放而不內收的飄逸狀，可見六朝玉雕已脫離漢朝平面狀的鏤空技法，感覺到有力動飄飛的美感，這是雕刻師傅的巧奪天工，只在六朝時表現出來，漢代時無此表現手法，唐代時就被圓滑曲線所取代，不復看見。唐代的飛天也時常會在身體的周邊以卷雲紋支撐著。六朝時未見此種形態。

本書中所列廿二件六朝青黃玉飛天雕像，應為北魏時期與雲岡石窟同類型的飛天及伎樂天。（參考《中華圖案五千年第五輯，魏晉南北朝》，美工科技出版）如雲岡石窟第六窟東壁龕楣上的飛天圖案，姿態與形態皆相同。

六朝青黃玉持手鼓飛天玉雕

　　以青黃玉刻成的飛天像，頭上飾朝天髻，天衣飄逸，手持手鼓，身體呈飄飛狀。右腳屈前，左腳伸於後，整個玉雕成三角形狀。看起來飛天是向右前方飄飛。有一種氣的力動向上的感覺。全器有褐色沁。

【長 7.2 cm ／ 寬 4.0 cm ／ 厚 0.6 cm】

六朝青黃玉飛天玉雕

　　青黃玉飛天雕像，頭上飾以朝天髻，身上的衣服及天衣飄逸，身體呈飄飛狀態。雙手持橫笛，一副吹奏的樣子。全器有褐色沁。

【長 8.0 ㎝ ／ 寬 5.7 ㎝ ／ 厚 0.8 ㎝】

六朝青黃玉持摩尼珠飛天玉雕

　　青黃玉飛天雕像，手持摩尼珠。頭上飾以朝天髻，上身短衫對穿，身上的衣服及天衣往上往後飄逸。身體呈飄飛狀態。整體看起來，就是有一種氣的表現。全器有褐色沁。

【長 8.2 ㎝ ／ 寬 4.7 ㎝ ／ 厚 0.6 ㎝】

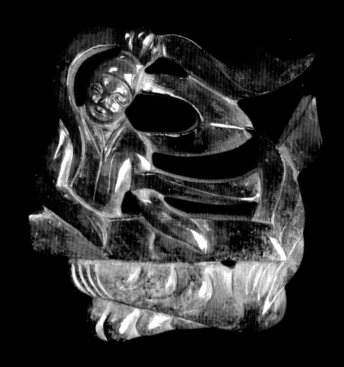

六朝青黃玉撫琴飛天玉雕

　　用青黃玉刻成的飛天雕像，雙手撫琴，頭上飾以朝天髻。上身短衫對穿，身上的衣服及天衣往上往後飄逸。右腳往前，左腳後伸，呈飄飛狀。整體看起來，就有一種氣的表現。全器有褐色沁。

【 長 5.5 ㎝ ／ 寬 5.0 ㎝ ／ 厚 0.6 ㎝ 】

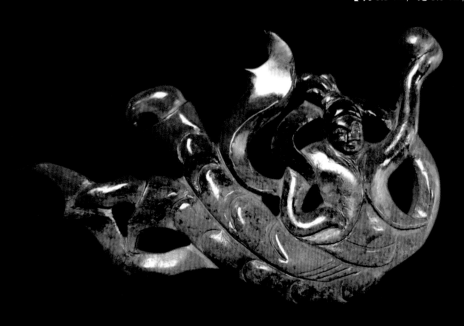

六朝青黃玉持摩尼珠飛天玉雕

　　青黃玉飛天雕像，手持摩尼珠。頭上飾以朝天髻，上身短衫對穿。身上的衣服及天衣往上往後飄逸。雙腳後伸，呈飄飛狀。全器有褐色沁。

【 長 9.0 ㎝ ／ 寬 5.5 ㎝ ／ 厚 0.5 ㎝ 】

六朝青黃玉持摩尼珠飛天雕像

　　青黃玉飛天像，頭上飾以朝天髻。上身短衫對穿。右手扶天衣，左手托摩尼珠。右腳屈前，左腳屈伸於後，呈飄逸狀。全器有褐色沁。

【長 6.0 cm／寬 6.0 cm／厚 0.6 cm】

六朝青黃玉飛天雕像

　　用青黃玉刻成的飛天像，頭上飾朝天髻。左手向前托天，右手於後握天衣。身體往左，左腳前屈，右腳後伸，呈往左飛飄之狀。全器有褐色沁。

【長 7.5 cm／寬 4.4 cm／厚 0.5 cm】

六朝青黃玉飛天雕像

　　以青黃玉刻成的飛天像，頭上飾朝天髻，上身短衫對穿。雙手握於胸前，左腳、右腳往右後伸屈，呈往左飄逸之狀。全器有褐色沁。

【長 7.0 cm／寬 5.7 cm／厚 0.6 cm】

六朝青黃玉持摩尼珠飛天玉雕

　　青黃玉飛天雕像，頭上飾以朝天髻。左手置於腰際，右手高舉摩尼珠。上身短衫對穿。身上的衣服及天衣，隨風飄逸。整體看起來，就有一種氣的表現。全器有褐色沁。

【長 6.5 cm ／ 寬 6.2 cm ／ 厚 0.5 cm】

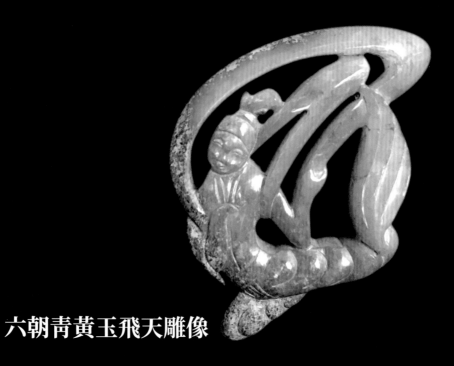

六朝青黃玉飛天雕像

　　用青黃玉刻成的飛天像，頭上飾以朝天髻，右手置於胸前，左手執天衣。身體向一邊微傾，右腳前屈，左腳後伸，呈往右飄飛狀。全器有褐色沁。

【長 5.6 cm ／ 寬 5.0 cm ／ 厚 0.5 cm】

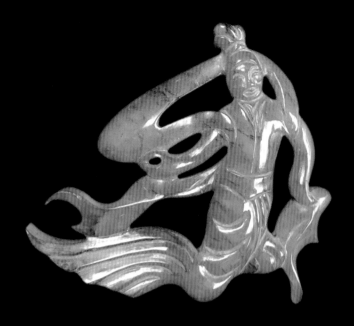

六朝青黃玉飛天雕像

　　以青黃玉刻成的飛天像，頭上飾朝天髻。右手往右伸出執天衣，左手自然下垂往後擺動狀。上身短衫對穿。身上的衣服與天衣隨風飄逸，整體看起來，身體是往飛天的左方飄飛，有一種氣的流動表現。全器有褐色沁。

【長 6.5 cm／寬 6.0 cm／厚 0.5 cm】

六朝青黃玉飛天雕像

　　青黃玉飛天像，頭上飾朝天髻，上身短衫對穿。身上的衣服與天衣，隨風飄逸。整體以三角形狀來表現出飛天的飛飄狀態。充滿了動態美感。本器看來，是呈現飛天由左向右飄逸，輕盈而活潑。全器有褐色沁。

【長 8.0 cm／寬 4.0 cm／厚 0.7 cm】

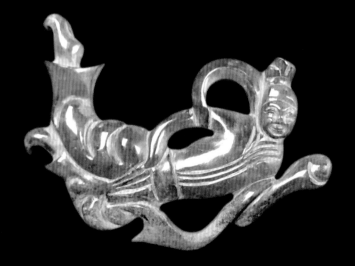

六朝青黃玉持摩尼珠飛天玉雕

　　用青黃玉刻成的飛天像，頭上飾朝天髻，右手置於腰際，左手執摩尼珠。上身短衫對穿。身上的衣服及天衣隨風飄逸，整個身體橫向，向右飄飛。全體看起來就有一種氣的表現。全器有褐色沁。

【長 7.0 cm／寬 4.3 cm／厚 0.5 cm】

六朝青黃玉飛天雕像

　　以青黃玉刻成的飛天像，頭上飾朝天髻，雙手置於胸前。上身短衫對穿。身上的衣
服及天衣隨風飄逸。右腳前屈，左腳後伸，身體往左上方飄飛，整體看起來，有一種氣
的流動表現。全器有褐色沁。

【長 9.2 ㎝／寬 4.0 ㎝／厚 0.6 ㎝】

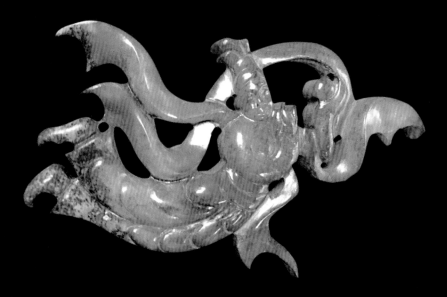

六朝青黃玉持摩尼珠飛天雕像

　　青黃玉飛天像，頭上飾朝天髻，左手執摩尼珠。上身短衫對穿。身上的衣服與天衣，隨風飄逸。天衣的雕刻手法以利刀劈削的斜邊，互相形成尖稜，片帶狀的天衣的飄動，更具力感與美感。這是雕刻師傅的巧奪天工，只在六朝時表現出來。漢代時無此表現手法，唐代時就被圓滑曲線所取代，不復看見。全器有褐色沁。

【長 8.2 cm／寬 4.2 cm／厚 0.7 cm】

六朝青黃玉持摩尼珠飛天雕像

　　用青黃玉刻成的飛天像，頭上飾朝天髻。上身短衫對穿。右手置於腹前，左手持摩尼珠。身上的衣服與天衣隨風飄逸。天衣的雕刻手法，以利刀劈削狀的旋轉斜邊，互相形成尖稜，使人感覺到有力動飄飛的美感。全器有褐色沁。

【長 6.6 cm／寬 4.6 cm／厚 0.6 cm】

六朝靑黃玉持手鼓飛天雕像

　　以靑黃玉刻成的飛天像，頭上飾朝天髻。雙手持手鼓。上身短衫對穿。身上的衣服與天衣，隨風飄逸。身體呈飄飛狀。左腳屈前，右腳伸於後。整個身體往左前方飄飛。整體看起來，有一種氣的流動表現。全器有褐色沁。

【長 6.6 ㎝／寬 5.0 ㎝／厚 0.7 ㎝】

六朝靑黃玉持摩尼珠飛天雕像

　　用靑黃玉刻成的飛天像，頭上飾朝天髻。上身短衫對穿。右手向右下方伸出，置於腿際。左手持摩尼珠。身上的衣服及天衣隨風飄逸。兩腳伸於後。身體微微向後彎曲，整體向前方飄飛。並呈倒三角形的形狀。且有一種氣的流動表現。全器有褐色沁。

【長 8.8 ㎝／寬 4.5 ㎝／厚 0.6 ㎝】

六朝青黃玉飛天雕像

　　以青黃玉刻成的飛天像，頭上飾朝天髻，兩手相交於胸前。上身短衫對穿。身上的衣服與天衣隨風飄逸。雙腳後伸，呈往飛天的右前方飄飛狀。整體看起來有一種氣的流動表現。全器有褐色沁

【長 5.4 ㎝ / 寬 5.4 ㎝ / 厚 0.5 ㎝】

六朝青黃玉持長笛飛天雕像

　　青黃玉飛天雕像，頭上飾朝天髻。雙手持長笛，正在吹奏。身上的衣服與天衣隨風飄逸。身體微向飛天的右方前傾、彎曲、飄飛。整個形狀呈三角形，有一種氣的流動表現。全器有褐色沁。

【長 6.7 ㎝ / 寬 5.0 ㎝ / 厚 0.6 ㎝】

六朝青黃玉飛天雕像

用青黃玉刻成的飛天像，頭上飾朝天髻。雙手置於胸前。身上的衣服與天衣隨風飄逸。左腳屈前，右腳伸於後。整個身體向飛天的左前方飄飛。全體看起來有一種氣的流動表現。全器有褐色沁。

【長 7.3 cm／寬 4.5 cm／厚 0.7 cm】

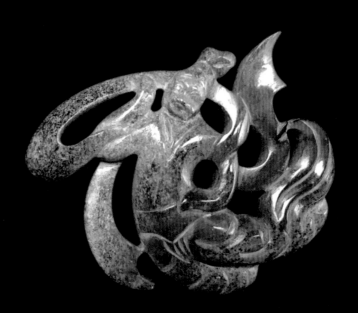

六朝青黃玉飛天雕像

青黃玉飛天像，頭上飾朝天髻。左手彎曲置於腰際，右手彎曲舉於頭部右側。身體微微彎曲，頭向後微傾，雙腳往右後方伸展。全身右前方飄飛，整體看起來有一種氣的向上流動表現。全器有褐色沁。

【長 5.8 cm／寬 4.7 cm／厚 0.6 cm】

愛生活33

六朝玉雕綜論

作　　者―劉嶔琦、方勝利
視覺設計―徐思文
主　　編―林憶純
行銷企劃―林舜婷

第五編輯部總監―梁芳春
董 事 長―趙政岷
出 版 者―時報文化出版企業股份有限公司
　　　　　10803台北市和平西路三段240號7樓
　　　　　發行專線―（02）2306-6842
　　　　　讀者服務專線―0800-231-705、（02）2304-7103
　　　　　讀者服務傳真―（02）2304-6858
　　　　　郵撥―19344724時報文化出版公司
　　　　　信箱―台北郵政79～99信箱
時報悅讀網―www.readingtimes.com.tw
電子郵箱―history@readingtimes.com.tw
法律顧問―理律法律事務所 陳長文律師、李念祖律師
印刷―詠豐印刷有限公司
初版一刷―2019年9月20日
定價―新台幣3,200元
（缺頁或破損的書，請寄回更換）

時報文化出版公司成立於1975年，並於1999年股票上櫃公開發行，
於2008年脫離中時集團非屬旺中，以「尊重智慧與創意的文化事業」為信念。

六朝玉雕綜論/劉嶔琦、方勝利作. --初版. － 臺北市:
　時報文化, 2019.09
　　376面 ;21*29.7公分
　　ISBN 978-957-13-7879-4 (軟精裝)
　1.古玉 2.玉雕 3. 魏晉南北朝
794.4　　　　　　　　　　　　　　　　　　108010969

ISBN 978-957-13-7879-4
Printed in Taiwan